# 再興！日本仏教

正木晃

春秋社

# はじめに

日本仏教しか二一世紀の苛酷な社会に生き残れない。他のタイプの仏教は、おそらく惨憺たる状態に陥らざるをえないだろう。同時に、日本仏教も、死後世界や霊魂について、きちんとした態度をとれないならば、おそらく惨憺たる状態に陥らざるをえないだろう。これが本書のテーマです。

葬式仏教とか、坊主丸儲けの仏教とか、時代遅れの無用の長物とか、日本仏教はさんざん悪口をいわれてきました。しかし、日本はもとより、世界がいま置かれている状況を冷静に見つめてみると、日本仏教は捨てたものではないのです。それどころか、現在および未来の日本社会に貢献できる可能性をいっぱいもっているのです。

もちろん、他のタイプの仏教、たとえばチベット仏教とかテーラワーダ仏教にも、すぐれた部分はあります。とりわけ、瞑想にまつわるノウハウやテクニックは、日本仏教よりもずっとすぐれているかもしれません。瞑想は、悟りをもとめる最良のすべとして、ブッダが弟子たちに要請したものですから、とても重要な課題です。
もともと、インドで生まれた当初のころの仏教は、極端にいえば、瞑想だけしていればよかったのでしょう。ところが、時代の変化とともに、仏教も瞑想だけしていればよい、という時代ではなくなっていきました。

その最たるものが近代化です。近代化は、仏教がこれまでの歴史で経験してきたさまざまな危機に比べても、問題にならないくらい大きな「つまずきの石」にほかなりません。

あらかじめ申し上げておきますが、わたしは近代化が善とかプラスとはけっして考えていません。悪とまではいえなくとも、マイナスの面も多々あります。しかし、けっして避けられないとも考えています。

誰も眼にもあきらかなように、近代化という「つまずきの石」は、なにも仏教だけに限りません。世界中の宗教にとって、共通する難問です。そして、近代化に成功するか否かによって、その宗教の命運も、その宗教がかかわってきた社会の命運も、左右されてきました。他に先んじて近代化に成功したキリスト教の社会と、依然としてうまくいかないイスラム教の社会との差は、人々の日々の暮らしをはじめ、政治や経済の分野から見ても、歴然としています。

この点からすると、日本仏教はかろうじて近代化に成功しました。その過程で、日本仏教はひじょうに大きな打撃を受け、たいへんな苦労をしましたが、なんとか乗り越えてきたのです。

同じようなことは、チベット仏教やテーラワーダ仏教も経験せざるをえません。その結果について、チベット仏教に関してはある程度まで答えが出ています。二〇年以上にわたってチベット仏教とかかわってきたわたしとしては、じつに残念なのですが、深刻な危機にあります。テーラワーダ仏教に関しては、答えが出るのはもう少し時間がかかると思いますが、楽観はできません。すでにその兆候はそこここに感じられます。

なぜ、チベット仏教やテーラワーダ仏教が危機にあるのか。その理由は、これらの仏教には社会性がいちじるしく欠けているからです。

わたしは、少なくとも二一世紀に必要とされる宗教には、二つの要素が不可欠と考えています。個人の精神的な救済と社会的な規範の提供です。

このうち、個人の精神的な救済は、開祖のブッダ以来このかた、仏教がもとめつづけてきた課題ですから、いまさら論じるまでもありません。いっぽう、社会的な規範の提供は、正直いって、仏教が不得意な領域でした。

この領域に関しては、キリスト教やイスラム教のようなセム型一神教のほうが、はるかに先行しています。乱暴な言い方をするなら、イスラム教にいたっては、個人の精神的な救済はそっちのけで、社会的な規範の提供のみに終始してきたとすらいえます。

日本仏教の場合は、ユーラシア大陸の東の端に浮かぶ島国という地理的な条件もあって、ブッダの説いた仏教とは、良くも悪くも、大きく変容を遂げた仏教になりました。この件だけに焦点を合わせれば、チベット仏教やテーラワーダ仏教のほうがブッダの教えに忠実です。

でも、大きく変容を遂げたおかげで、日本仏教は近代化という未曾有の荒波をなんとか乗り越えることができたのです。いいかえると、ブッダの教えに忠実なタイプの仏教が近代化に遭遇するとき、いったいどんな事態が生じるか。わたしにはよい結末を期待できません。なにしろ、ブッダは悟りのための修行を最優先して、絆も社会性も徹底的に拒否したのです。

こういう態度で、近代化は困難です。もっとも、それが本来の仏教であるというのなら、いたし方ありませんが、瞑想に強い関心をいだくごく一部の人々をのぞけば、二一世紀の社会に貢献できるとはとてもおもえません。

結論めいたことをいえば、二一世紀の社会に貢献するためには、近代化を経験し、そのプラスもマイナスも十分に知っておく必要があります。それができるのは、わたしにいわせれば、日本仏教しかないのです。詳しいことは本文中を読んでいただきたいとおもいますが、日本仏教の近代化は、明治維新やその少し前の幕末期に始まったのではなく、その萌芽はもっとずっと昔の平安末期から鎌倉初期の段階までさかのぼる。そして、こういうことができたのは、日本仏教だけだった。他の仏教では無理だった。そう、わたしはみなしています。

宗教の近代化を考えるとき、必然的に起こってくる事態があります。内面化です。聖典の章句を、字句どおりに受けとるのではなく、より精神的に転換して解釈するのです。たとえば、「殺せ」と書いてあっても、それは誰かを殺害することではなく、内面の敵である煩悩を滅却せよというふうに受けとるのです。

仏教の場合、内面化は、他の宗教に比べれば、ひじょうに早い段階からおこなわれてきました。仏教が暴力とあまり縁がない理由の一つも、この内面化にもとめられます。

問題は内面化が過剰におこなわれると、宗教はエネルギーを失う傾向があるという事実です。日本仏教では近代化の過程でそれが起こりました。早い話が、仏教を思想や哲学として解釈する方向性が強くなりすぎたのです。講演会などで、「ブッダは、宗教ではなく、哲学を説いたのですよね？」という質問を、けっこうよく受けます。

むろん、仏教のなかには、思想と呼ぶにあたいする部門もあれば、宗教哲学と呼ぶにあたいする部門もあります。しかし、それらはあくまで一部門であって、全体ではないのです。ところが、そのあたりを誤解している方々がおもいのほか多いのです。

では、仏教が過剰に内面化して、思想や哲学に化すと、なにがどうなるのか。宗教としての生命力や活力が目に見えて失われてしまいます。じつは、仏教にかぎらず、宗教には儀礼や聖なる呪文や修行が欠かせません。しかし、内面化が過剰におこなわれると、これらの要素はみな、本質的ではないという理屈で排除されてしまいます。その結果、その宗教は、ごくふつうの人々の切実な願いをかなえるという基本から大きくずれ、頭でっかちの一部の知識人だけが喜ぶ対象になりはててしまうのです。

学術的な用語でいえば、教義仏教が栄え、生活仏教が衰えたのです。これは宗教にとって、致命的な様相です。そういうことが、日本仏教が近代化する過程で起こり、いまもなお続いているのです。伝統仏教がいわゆる新宗教に信者の多くを奪われた原因は、このあたりにあります。

さらに、内面化の過程で、日本仏教が封印したというか、逃げたというか、ごまかしてきたというか、とにかく眼をそむけてきた領域があります。死後世界と霊魂にまつわる領域です。仏教もまた宗教である以上は、死後世界について明確なかたちで語る義務があります。死後世界の存在をみとめるのか認めないのか。認めるとすれば、この世の生を終えて、死後世界におもむくのはいったい何なのか。それは霊魂なのか否か。

はっきりいって、死後世界と霊魂についてきちんと語れないのなら、日本仏教は宗教として失格の烙印を押されてしまいます。最終章にあたる第三章で、「死後世界と霊魂を考える」と題して、現時点における仏教学の最新成果を網羅しながら、そうとう詳しく論じた理由は、ひとえにこの問題意識にゆらいしています。

# 再興！日本仏教……目　次

## 第2章　内面化の功罪と日本仏教……77

## 第3章 死後世界と霊魂を考える……133

# 再興！日本仏教

# 第1章 近代化と日本仏教

## 本章の概要

この章では、日本仏教を近代化という観点から考えてみたいとおもいます。

近代化は必ずしも善ではないどころか、負の側面も大きいのは事実ですが、避けがたい道であることに疑いはありません。さらにいえば、民主主義、人権、法による支配という、少なくともこれまでの人類史において、もっとも高貴かつ普遍的な価値観が、近代化によって獲得された事実は、けっして軽視できません。これらのことは、ここで近代化を論じなければならない理由と、深くかかわっています。

近代化を論じなければならない理由は、近代化を体験してきた仏教でなければ、近代化という避けがたい道にどう対処すべきか、わかりようがないからです。ポストモダンとよばれる近代化以降の状況にどう対処すべきか、もわかりようがないからです。

もちろん、近代化は負の側面も大きいのですから、近代化していないタイプの仏教から学ぶべきことはあります。しかし、過大な期待はできません。近代化していないタイプの仏教から学べることは、じつはごく限られていて、大部分は近代化の前に無力であり、むしろファンタジーに近いとわたしは考えています。

近代化といっても、あまりに漠然としています。切り口を用意する必要があります。それは宗教における労働観です。

なぜ、労働観なのか。その答えは、近代化にとってもっとも大きな要素は産業化に基盤を置く資本主義であり、産業化は労働観の確立なしに成立しえないからです。

ここでいう労働観の確立には、労働に対する宗教上の意義づけと正当な報酬が欠かせません。とりわけ、宗教上の意義づけは重要です。理由は二つあります。一つは、近代化以前の社会では、いまでは想像もつかないほど宗教の力が強かったからです。もう一つは、そういう宗教の力が強い社会では、資本主義がようやく勃興しようという時期においては、宗教から、いわばお墨付きをもらわなければ、労働意欲を喚起することはできなかったからです。このあたりの事情は、労働を介さずにお金がお金を生む段階の、成熟というよりも腐爛した状態にある現代の金融資本主義とは、まるでちがいます。

金融資本主義の話が出てきたので、せっかくの機会ですから、申し上げておきたいことがあります。労働を介さずに、お金がお金を生む世の中だからこそ、労働の宗教的な意義づけをきちんとしておく必要があるのではないか、とおもうのです。資本主義の末期的な段階ともいわれる金融資本主義が、今後、どこに向かうのか、よくわかりません。資本主義の命脈そのものも尽きようとしているという説もあります。

そういう時代だからこそ、もう一度、労働に、あえていえば、聖なる意義をあたえる必要があるのではないでしょうか。宗教学の用語でいえば、労働の聖化です。基本はやはり、「働かざる者、食うべからず」です。ちなみに、この言葉は、別に左翼の専売特許ではありません。東アジアで生まれた禅仏教から生まれ出た言葉です。

「はじめに」でも述べたとおり、二一世紀の宗教は、社会的な規範の提供と、個人の精神的な救済を、両立させる必要があるとわたしは考えています。このうち、労働観の問題は、直接的には社会的な規範の提供と密接な関係にありますが、個人の精神的な救済とも無縁ではありません。なぜなら、労働を宗教上にきちんと意義づけ、労働が個人の精神的な救済とつながっている、もしくは労働という行為が救済のすべとしても機能するとみなされないかぎり、近代化は不可能だからです。

さらに、労働とむすびつけられた個人の精神的な救済は、信仰の内面化という課題とも深くかかわっています。ほんとうなら、この課題も本章であわせて論じたいところですが、そうなると話が長くなりすぎ、錯綜してしまいそうです。それくらい、信仰の内面化という課題はひじょうに大きく重いのです。そこで、別に章を立てて、そちらで丁寧に論じたいとおもいます。

結論めいたことをいえば、仏教圏で近代化と真っ正面から向き合ってきたのは、日本仏教だけです。そして、近代化という未曾有の荒波をなんとか乗り越えて、こんにちにいたっています。他の国や地域の仏教は、これからいよいよ本格的に近代化と向き合うところがほとんどです。

す。果たしてどうなるか、予想するのは難しいのですが、わたし自身はけっして楽観していません。むしろ、悲観的です。なぜ、そんな予想をするのか。それはこの章をお読みいただければ、おわかりになるはずです。

## 宗教と近代化

世界中のありとあらゆる宗教にとって、歴史上、最強の敵、といって語弊があるなら、最強の「つまずきの石」は近代化でした。

ご存じのとおり、宗教は有史以来、外に向かっては、まったく性格の異なる他の宗教と戦い、内に向かっても、第三者の眼から見れば、些細な違いから宗派間の抗争を経験してきました。宗教戦争はその最悪の事例であり、正統と異端の争いも悲惨な結果をまねきがちでした。しかし、これらの悪しき経験も、近代化によって宗教がこうむってきた被害に比べれば可愛いものです。なぜなら、近代化によってこそ、宗教はかつてなかったほど壊滅的な被害をこうむったからです。

よくいわれるように、洋の東西を問わず、中世は宗教の時代でした。宗教に支配された中世に生きた人々が幸せだったかどうか、わかりません。物質的な貧しさはさておくとして、精神的な領域でも宗教にがんじがらめにされて、苦しんでいた可能性は否めません。でも、宗教が時代の主役だったことだけは確かです。

ところが、近代化とともに、宗教は主役の座から引きずり降ろされてしまいました。その意味で、近代化は宗教から見ればまさに仇敵といわざるをえません。

また、以下では、日本仏教だけではなく、他の国や地域の仏教はもとより、キリスト教やイスラム教にも言及しています。なぜなら、近代化はなにも日本仏教だけの課題ではなく、さきに指摘したとおり、世界中のありとあらゆる宗教にとって最強の敵、もしくは「つまずきの石」であり、キリスト教やイスラム教が近代とどう向き合ってきたのか、をあわせて考えることで、日本仏教と近代化との関係をよりいっそう深く究明できるとおもうからにほかなりません。

## 近代化とは何か

そもそも、近代化とは何なのか。それを知らなければ話になりません。

みなさんがよく利用されているであろうウィキペディアには、こう書かれています。

「近代化とは、産業化を中心として、それに関連した政治的・社会的・心理的その他、さまざまな変化の総体を指す。産業化は、ニュートンの科学革命以来の科学技術の成果を系統的・累積的に活用して、生産力はじめ環境をコントロールする能力を高めていく過程でもあり、その本格化は一八世紀後半のイギリスに始まった。いわゆる産業革命である。やがて、その動きはヨーロッパ大陸や北アメリカに伝わり、一九世紀後半から二〇世紀初頭にかけてはロシアや東欧、日本もその動きに加わって、二〇世紀後半には全世界を覆うこととなった」。概論としては、そこそこ妥当なところでしょう。

いっぽう、マルクスは近代を「生産手段の所有にもとづく資本主義経済の時代」と定義しています。また、先行する中世を「土地所有にもとづく封建制が支配的である時代」、近世を「封建社会から市民社会への移行期に成立する絶対王政の時代」と定義しています。

これらの記述や定義を合わせて考えると、近代化とは「資本主義経済の時代」であるとともに「市民社会の時代」であり、その原動力こそ「産業化」という結論になります。もちろん、民主主義はもとより、同じ民族同士という意識を共有する人々が一つの国家を構成する国民国家という概念も、近代化の必須要素といってかまいません。

## 近代化の前提条件と宗教

あらかじめ申しあげておきますが、近代化について、わたし自身はこう考えています。まず、近代化が絶対的な善とはとてもいえません。プラスの面もあれば、マイナスの面もあります。しかし、同時に、近代化はもはや必然であり、避けては通れません。

もし仮に、その国や地域が近代化できなければ、先んじて近代化した国や地域によって侵略されたり支配されたりして、悲惨な結末をむかえる可能性がひじょうに高いからです。これは、かつて朝鮮半島の大学で二年間にわたり教鞭をとり、また二〇年以上にわたり、チベットやその周辺地域と深くかかわってきた経験から得られた、偽らざる実感です。このことは、中近東やアフリカの諸国が近代化におくれをとったために、政治的にも経済的にも惨憺たる状況にある事実を見ても、よくわかるとおもいます。

さらにいえば、近代化にはそれ相応の条件があります。お寺のためとか修道院のためとかいうのではなく、わたしたちが日常生活をおくっている世俗の領域で、真面目に働けば、それに見合っただけの報酬がきちんと得られる必要があります。それだけでは足りません。その労働と報酬の関係が、人間の行為として、正しいと認定される必要があるのです。宗教学の用語でいうなら、「労働の聖化」です。これらの条件が整わないかぎり、近代化は不可能です。

このとき大きな問題になるのは、いったい誰が正しいと認定するか、です。現代であれば、国民の総意、あるいはそれを代表する議会ということになるでしょうが、近代以前では、そうはいきません。なぜなら、国民という概念も民主的な議会制度も近代化の結果であって、近代以前の段階ではまだ誕生していなかったからです。

じつは、この種の重要な価値判断はほとんどの場合、宗教がくだしていました。労働と報酬の関係が、人間の行為として、正しいか否か、も認定するのは宗教であり、つまるところ、その宗教の労働観に大きく左右されることになります。この問題は、もう少し後のところでくわしく論じますので、しばしお待ちください。

## 近代化と宗教は相性がよくない

正直申し上げて、資本主義というかたちをとる産業化も、民主主義も、国民国家も、ほとんどの宗教と相性があまりよくありません。もちろん、プロテスタントのなかのカルヴァン派のように、相性がよいどころか、近代化のための思想形成に大きな役割を演じた宗教もありますが、世界の宗教全体から見れば、例外中の例外にすぎません。

つぎの問題は、では宗教はなぜ、産業化や民主主義や国民国家と相性があまりよくないのか、です。この件は、宗教によって事情が大きく異なります。

その理由や原因は、以下においおい述べていくとして、ひどく乱暴な話ということを承知で、近代化との相性という点から世界の三大宗教を上位から下位へランキングすると、つぎのようになります。

①キリスト教
②仏教

### ③イスラム教

そして、同じキリスト教でも、カトリック教会や東方教会よりもプロテスタントが優位です。同じように、仏教でも、大乗仏教がテーラワーダ仏教（上座仏教）よりも優位です。しかし、イスラム教は近代化とはどうにも相性がよくありません。

ところで、ここまでわたしは「宗教」を定義してきませんでした。宗教を論じているのに、宗教を定義しないのはおかしい、と疑念をいだく方もあるとおもいますので、定義しなかった理由を説明します。

宗教を定義しても、どうせ抽象的な内容になってしまい、少なくとも、いま論じている領域では役に立たないと考えたからです。現に、わたしも編集にかかわった『世界宗教大事典』（平凡社）の「宗教」の項を読んでみても、まじめにとりくんでくださった執筆者の先生にはもうしわけないのですが、話が多岐にわたりすぎていて、よくわかりません。

じつは、仏教とは何か、キリスト教とは何か、イスラム教とは何か、というぐあいに、個々の宗教を定義することはさほど難しくありません。しかし、「宗教」というくくりというか、概念というか、とにかく「宗教」をまるごと明確に定義するのは容易ではないのです。たとえば、仏教とイスラム教とでは、同じ宗教とはいっても、その内実が違いすぎるのです。さらに、シャーマニズムみたいに神懸かりのような形態をしめす宗教となると、もうお手上げ状態です。

## 共同体のための宗教vs.個人のための宗教

ということで、宗教を定義しません。その代わりに、誰のための宗教か、という点に注目してみたいとおもいます。なぜなら、この問題設定のほうが宗教と近代化を考えるうえでは、宗教を抽象的に、ああだ、こうだと論じるよりも、はるかに有効だからです。

誰のための宗教か、という点に注目すると、それぞれの宗教の根本的な違いがみごとに浮かびあがってきます。

ユダヤ教・キリスト教・イスラム教は、いわば兄弟か姉妹の関係にあって、宗教学では全部まとめて「セム系一神教」ともいいますが、セム系一神教は信仰共同体、すなわち同一の信仰をもつ人間集団のための宗教です。したがって、宗教はみんなが従うべき規範、もっとはっきりいえば掟に近いものになりがちです。このあたりのことは、旧約聖書の「モーセの十戒」やコーランを読めば、すぐに理解できます。

それに対して、仏教は個人の精神的な救済のための宗教です。もちろん、セム系一神教にも、個人の精神的な救済がもとめられないわけではありませんが、規範や掟としての性格のほうが優先されます。また、仏教も、時代が後になればなるほど、個人の精神的な救済にとどまらず、社会的な規範としての性格をもつ、というよりももたざるをえなくなっていきますが、それでも根本は個人の精神的な救済にありつづけました。

もっとはっきりいってしまえば、セム系一神教には、ときには過剰なくらいの社会性があります。もちろん、その度合いもしくは徹底ぶりは、かなり違います。順番を付けると、イスラム教がもっとも強く、ついでユダヤ教、そしてキリスト教という順番になります。

興味深いのは、この順番が近代化との相性とはちょうど反対になっている事実です。ということは、社会的な規範や掟としての性格があまり強すぎても、近代化とは相性が悪いということです。このあたりは、昨今、政治と経済の両面で、なにかというと、「規制緩和」が話題になっている事実に照らすと、理解しやすいかもしれません。

その逆に、仏教はいたって社会性に乏しいのです。理由は、開祖のブッダが、悟りを得るためには社会との縁を完全に絶って修行に専念しなければならないと厳命したからです。その意味で、文字どおり「脱社会」こそ、理想だったのです。これでは、社会性がはぐくまれるはずがありません。

話がここまで来ると、仏教が産業化や民主主義や国民国家と相性があまりよくないわけがわかります。そもそも、社会性に乏しく、社会の変化に無頓着なところがあるのですから、産業化や民主主義や国民国家といわれても、そう簡単には対応できないのです。現時点でも、ブッダの教えをかなり忠実に受け継いできたテーラワーダ仏教（上座仏教）が支配的な国や地域、この傾向が顕著に見られ、近代化との折り合いに苦労しています。

さきほど近代化との相性ランキングのところでふれたとおり、同じ仏教でも、後発の大乗、とりわけ東アジアに広まったタイプの大乗仏教は、その点はまだましです。この地域の大乗仏教は、中心となった中国が、強大な皇帝権力と強固な国家組織をもっていたため、仏教本来の教えからすれば、たぶんに心ならずも、現実社会との妥協をよぎなくされ、結果的にある程度まで社会性をもたざるをえなかったからです。

## 労働の価値

ご存じの方も多いとおもいますが、古代や中世においてはどこでも、労働は苦痛であり、卑しく、呪いに満ちた行為とみなされがちでした。ですから、労働は奴隷がなすべき行為であって、支配階層に属する人々は労働に従事しないというのが、原則だったのです。この事実は無視できません。

近代化にとって最大の指標となる産業化と宗教の関係を考えるとき、その原点になる要素は、さきほど指摘したとおり、それぞれの宗教における労働観です。労働の価値付けといってもかまいません。産業は労働によってになわれるのですから、労働に対して、相応の価値付けがなされないかぎり、その宗教は産業化にかんして負の要素になりかねないからです。

歴史をふりかえってみると、どの宗教も労働に対して、おおむね冷淡でした。理由はいくつもあります。

まず、宗教はみなそろって貪欲を戒めています。いいかえると、禁欲がすすめられます。一生懸命に働いて、お金を儲け、贅沢な生活を送ることは、けっして褒められないのです。一神教であれば、一生懸命に働いてお金を儲けることよりも、唯一にして絶対の神をほめたたえ、その加護を祈ることのほうが、よほど大切だと説かれてきました。

## キリスト教の労働観

キリスト教の場合、『旧約聖書』の「創世記」には、やや矛盾する記述が見られます。「主なる神は人を連れて来て、エデンの園に住まわせ、人がそこを耕し、守るようにされた」(第二章の五節)と、神が人間に労働にいそしむように命じたと書かれています。かとおもうと、アダムとイヴが神にそむき、いわゆる原罪を犯した罰として、「神は女に向かって言われた。『お前のはらみの苦しみを大きなものにする。お前は、苦しんで子を産む。……(男に向かって)お前は顔に汗を流してパンを得る』」というぐあいに、女は出産の苦しみを、男は労働の苦しみを、それぞれ科せられたとも書かれています(第三章の一六～一七節)。

後者は、いわば罰としての労働、もしくは呪いとしての労働という考え方で、一神教ではこちらのほうが有力でした。さきほども述べたとおり、古代や中世のころは、労働は奴隷のなすべき行為というのが常識でしたから、無理もありません。

そのいっぽうで、イエス・キリスト自身は労働について、あまり積極的には説いていません。天国の譬えを、ぶどう園の雇用者と労働者との労使関係にむすびつけるような説教（「マタイによる福音書」第二〇章）はありますが、労働という行為そのものを論じているわけではありません。

労働にまつわるイエスの説教で注目すべきは、「マタイによる福音書」第六章の二五〜三四節「思い悩むな」という説教です。ここでイエスは「自分の命のことで何を食べようか何を飲もうかと、また自分の体のことで何を着ようかと思い悩むな。命は食べ物よりも大切であり、体は衣服よりも大切ではないか。空の鳥をよく見なさい。種も蒔かず、刈り入れもせず、倉に納めもしない。だが、あなたがたの天の父は鳥を養ってくださる」と説いています。この説教を読むかぎり、イエスが労働を積極的にすすめていたとはおもえません。それも無理はない話です。なぜなら、イエスが活動していたころ、パレスティナ一帯では、この世の終わりが今日にも明日にも来るという切迫感があって、労働がどうのこうの論じているひまはなかったからです。

キリスト教における労働については、イエスの処刑後にその教えを広めたパウロのような宣教者たちのほうが、むしろ積極的に発言しています。たとえば、パウロは「そして、わたしたちが命じておいたように、落ち着いた生活をし、自分の仕事に励み、自分の手で働くように努めなさい」（『テサロニケの信徒への手紙』一　第四章の一一節）。この言葉の背景には、パウロ自身が「苦労して自分の手で稼いでいます」（『コリントの信徒への手紙』第四章の一二節）と述べているように、テント造りの職人だった（『使徒言行録』第一八章の三節）経験があるようです。

さらに、パウロはこうも述べています。いささか長いのですが、とても重要な内容ですので、以下に引用します。「わたしたちは、そちらにいたとき、怠惰な生活をしませんでした。また、だれからもパンをただでもらって食べたりはしませんでした。むしろ、だれにも負担をかけまいと、夜昼大変苦労して、働き続けたのです。援助を受ける権利がわたしたちになかったからではなく、あなたがたがわたしたちに倣うように、身をもって模範を示すためでした。実際、あなたがたのもとにいたとき、わたしたちは、『働きたくない者は、食べてはならない』と命じていました。ところが、聞くところによると、あなたがたの中には怠惰な生活をし、少しも働かず、余計なことをしている者がいるということです。そのような者たちに、わたしたちは主イエス・キリストに結ばれた者として命じ、勧めます。自分で得たパンを食べるように、落ち着いて仕事をしなさい」（『テサロニケの信徒への手紙』二　第三章の七〜一二節）

ちょっと気をつけなければならないのは、パウロは「働きたくない者は、食べてはならない」と述べているのであって、「働かない者は、食べてはならない」と述べているのではない点です。ここでいう「働きたくない者」とは、働く能力をもっているにもかかわらず、働こうとしない怠け者を意味しています。障害をはじめ、さまざまな事情で、働きたくても働けない人に対して、「食べてはならない」といっているではありません。

宗教の場合は、根本聖典もしくは開祖や開祖に準じる聖人たちの言葉のなかに、使えそうなものが、わずかでもあれば、その言葉をとことん拡大解釈して、あらたな思想を生み出すことがままありますというか、ゆるされています。「そんな解釈がどうしてできるの?」とおもわず問い返したいような解釈が、いくらでもあるのです。このへんの事情については、『あなたの知らない「仏教」入門』(春秋社)にくわしく書きましたので、興味のある方はお読みいただきたいとおもいます。

いずれにしても、パウロがこういう言葉を残してくれたおかげで、キリスト教では修道院の自給自足体制がととのえられました。さらに、宗教改革後、プロテスタントの一翼をになったカルヴァン派によって、宗教の領域から資本主義をささえる思想をはぐくむことができたのです。

## イスラム教の労働観

イスラム教の場合、開祖のムハンマドがもともと商人だったことから、労働は商業活動、すなわち経済というかたちで、よく語られています。もちろん、他の宗教には見出しがたい経済合理性があります。ちなみに、『コーラン』を表記しているアラビア語は、ムハンマドが活動していたころ、商人たちのあいだでつかわれていた言葉だそうです。

イスラム教の経済に対する基本は、以下の二点です。一つは、財産は神に属すという認識です。もう一つは、完全な平等は必要でもなければ、望ましい状態でもないという認識です。

また、『コーラン』には、商人ならではの表現がいたるところに見られます。たとえば、「牝牛章」の二八二節には、こう書かれています。「これ信徒の者、お互い同士、一定の期限付きで貸借関係を結ぶ場合には、それを書面にしておくのだぞ。誰か書式を心得た者に双方の間に入って間違いのないように書いて貰うこと。そのような時、書式に心得のある者はアッラーの御教え通りに書くことを決して拒んだりしてはいけない」

傑作は同じ「牝牛章」の二四五節です。「アッラーに素晴らしい良い貸し付けをする者はいないか。何倍にもしてそれを返却して戴けるぞ」。全知全能の神たるアッラーを、まるで現実の金貸しに見立てた表現で、いかにも商人らしく、リアルきわまりない発想です。

このように、取引における不正や詐欺的な行為は非難の対象であり、また正統な利益を超えて稼いではなりません。雇用主は被雇用者に対して、その仕事ぶりに見合った報酬をあたえなければなりません。融資に対する利子は、原則として禁止です。なぜなら、働かないでなんらかの報酬を得る行為は、認められないからです。とはいっても、これでは事業はなりたたないので、投資に対する利潤を、仲介業務を担当する組織と投資者がわかちあうというかたちで、事業の推進をはかるのです。

近代化以前の世界で、イスラム商人たちが文字どおり縦横無尽に活躍できた背景には、以上のような労働観や経済観があったのです。『コーラン』と『ハディース』にもとづいて構築されたイスラム法も、大いに貢献しました。古代から中世の段階では、他に類のないくらい、整備された体系をもち、信賞必罰が厳格だったからです。

ただし、こと近代化という観点からすると、問題があります。資本主義では、直接に労働する者も、間接に労働する者も、富への所有権を請求できます。ところが、イスラム社会では、直接に労働した者だけしか富への所有権を請求できないのです。融資に対する利子は、原則として、禁止されるのはこの規定があるからですが、経済の飛躍的な拡大をめざすためには、やはり大きな障害になります。

さらに、イスラム教を信仰する人々による時間の三分法が問題になります。イスラム教徒の生活は、「ワクト（時間）」とよばれる考え方で、つぎの三つに分けられています（片倉もとこ『イスラームの日常社会』岩波新書）。

①労働の時間を意味するジョグル
②遊びの時間を意味するラアブ
③休息の時間にあたるラーハ

このうち、もっとも大切なのはラーハです。ラーハの具体例は「家族とともにすごすこと、人を訪問すること、友人とおしゃべりすること、神に祈りをささげること、眠ること、旅をすること、知識をうること、詩をうたいあげること、瞑想すること、ぼんやりすること、ねころがることなど」だそうです。

その反対に、ジョグルは重視されません。理由は、イスラム教では労働は神からの呪いとみなされているからです。

時代がすすんでくると、かつてあれほど有効だったイスラム法も、その緻密さと厳格さゆえに、かえって障害になってしまいました。イスラム法が構築された一〇世紀ころには、世界の最先端を走っていたかもしれませんが、資本主義が興隆するころになると、世界情勢の急激な変化についていけなくなったのです。しかも、正統派を自認するスンニー派では、いちど定められた法を変えることは厳禁されていますから、対処のすべがなかなか見つかりません。

経済に対する基本として、完全な平等は必要でもなければ、望ましい状態でもないというも、いささかならず気になります。おそらくはその結果として、イスラム教が支配的なアラブ世界では、どこもまるで符節を合わせたかのように、独裁体制と不平等が蔓延しています。この状態が、この地域の発展をさまたげていることは誰の眼にも明らかです。

そして、いまもなお、発祥の地から遠く離れたインドネシアなどをのぞけば、イスラム教が支配的な地域は、血のつながりをなにより重視する部族中心の社会だということも大きな問題です。ムハンマド自身は、敵対する部族をけっしてゆるさず、血の報復を繰り返して止まない、アラブ特有の強固きわまりない部族中心主義をあらためようとして、イスラム教を創始したといわれます。しかし、それは実現しませんでした。

## 政教一致か政教分離か

イスラム教は、セム系一神教のなかでも、その徹底ぶりにおいて、群を抜いています。それだけに、わたしたちみたいな異教徒の眼から見ると、一神教の良いところも悪いところも、目立ちます。

とりわけ、聖俗一致あるいは政教一致を是とする点は、近代化という観点から見た場合、最大の障害といわざるをえません。ここで留意すべきは、セム系一神教においては、聖俗一致あるいは政教一致こそ、正しい選択であって、けっしておかしくないという事実です。この点は、『旧約聖書』の「出エジプト記」などに記されているモーセの物語を読めば、わかります。つまり、セム系一神教においてはイスラム教がむしろ正統なのであり、キリスト教はかなり異例なのです。

しかし、キリスト教はセム系一神教として異例だったゆえに、近代化にいち早く成功したともいえます。その意味からすれば、イエスが発した「皇帝のものは皇帝に、神のものは神に返しなさい」(『ルカによる福音書』第二〇章の二五節)という言葉は重要です。

じつは、この言葉は、イエスを敵視していたユダヤ教のファリサイ派とヘロデ派の人々が、イエスの言葉尻をとらえて罪におとしいれようと画策し、「皇帝に税を納めるべきか否か」を問うたのに対し、答えた言葉です。ファリサイ派は信仰を優先して納税に反対し、ヘロデ派は現実を優先して納税に賛成という立場でした。ですから、イエスが賛成と答えようと、反対と答えようと、どちらにしてもユダヤ教にたてついたという罪を着せられると考えたのです。

このとき、金貨に皇帝の肖像と「皇帝は神である」という意味の文章が刻印されているのを見て、イエスは「皇帝のものは皇帝に、神のものは神に返しなさい」と答えたのでした。こう答えることで、ファリサイ派の人々もヘロデ派の人々も、まさにぎゃふん!、してやられたという感じで、文句のつけようがなかったのです。

しかし、この答えは、いわば頓知もしくは機転にたぐいするもので、どこまで深い意味が込められていたか、疑問のようです。これが、この問答にまつわる真相でした。

このように、いったいどのような状況で発せられたのかはともかく、イエスの「皇帝のものは皇帝に、神のものは神に返しなさい」という言葉が、後世、キリスト教が宗教と宗教以外の領域、特に政治や科学を分かつにあたり、強力な根拠となったのは疑いようがありません。

## ブッダの労働観

仏教は元来、労働と相性がよくありません。なにしろ、ブッダが労働そのものを厳しく拒否したからです。この話は原始仏典のなかでもいちばん古く、「歴史的人物としてのゴータマ・ブッダに最も近いものであり、文献としてはこれ以上遡ることはできない」（中村元）という、『スッタニパータ』第一章の第四「田を耕すバーラドヴァージャ」に出てきます。ブッダは労働を拒否し、出家僧はもっぱらお布施によって生命をたもつべきだ、と主張しているのです。

ブッダが労働を拒否した理由はいくつもあります。主なものをあげてみましょう。

まず一つ目は、働いている時間があったら悟りをもとめて修行に励め。人生は短いのだから、という理由付けです。これは、他の宗教にも共通する理由ですから、誰でも理解できます。

二つ目に、修行の内容です。ブッダが弟子たちにすすめた修行法は、瞑想の徹底でした。ようするに、坐って、呼吸をととのえ、気持ちを落ち着かせて、心もしくは意識を澄明な状態にみちびき、その状態で対象を如実に観察しなさい、と指導したのです。そうなると、坐りっきりになるのですから、労働などできるはずがありません。

三つ目の理由は、インド特有の事情を知らないと、理解できないもので、職業にまつわるジャーティという身分制度とかかわっています。インドでは職業にきびしい貴賤があり、しかも親子代々にわたって同じ職業を継承するのがふつうなので、職業と身分とが不可分の関係にあるのです。したがって、その人がなんらかの労働に従事し、その労働に対する報酬を受けとってしまえば、その人は特定の労働に従事する者とみなされ、特定の身分に組み込まれてしまうのです。この身分制度はきわめて厳格で、徹底した差別の構造をともないます。ご存じのとおり、ブッダは、真理の前には身分は関係ないといって、あらゆる身分制度を否定しました。ところが、労働にいそしんでしまえば、その主張をみずから否定するはめになってしまいます。そこで、ブッダは労働を拒否したのです。

四つ目には、不殺生戒があります。田畑を耕せば、そこに生息している虫や蛙、あるいは蛇などを踏みつぶしたり、ちょん切って、殺してしまう可能性があります。これはまずい、ということです。なお、ブッダとほぼ同じ時代に活動していたジナを開祖とするジャイナ教では、不殺生が極端なまでに強調されたため、信者は狩猟はもとより農業に従事することもゆるされず、商人になるしかないという事態をまねいています。

ブッダの教えに忠実なテーラワーダ仏教では、いまでも僧侶は労働はせず、というより労働してはならず、托鉢によって得られた食物で生命をたもっています。わけても、悟りをもとめてまじめに修行に励んでいる僧侶は、作務とよばれるお寺のなかの仕事すらしません。

とはいっても、インドの寺院に居住していた僧侶たちが、まったく働かなかったわけではありません。いくら修行に専念する僧侶といえども、やはり食料と衣服、住む場所くらいは必要です。原則的には信者からのお布施でまかなっていましたが、それだけでは足らない場合もあったようで、経済活動に手を染めることもありました。

その一例が、金銀財宝の保管です。近年の研究によれば、仏教遺跡として世界的に有名なアジャンターの石窟寺院は、金銀財宝の保管庫を兼ねていて、その保管料によって僧侶たちの衣食住を満たしていたと考えられています。

また、現代でいうなら、銀行業務のような仕事もしていました。伝統的な用語でいえば、「無尽」です。一～二世紀ころに成立した『根本説一切有部律《こんぽんせついっさいうぶりつ》』などによると、寺院が所有する財産の利用法として、質物を入れて利息付きにて貸出し、利子を得て寺院経営の一助となすことと規定されています。ちなみに、この無尽については、経済力の豊かだったインド南部を拠点とする化地部や法蔵部のような部派は否定的、反対に経済力のあまり豊でなかったインド北部を拠点とする根本説一切有部や大衆部《だいしゅ》のような部派は肯定的だったそうです（友松圓諦『仏教経済思想研究』）。

じつはインドの寺院には、修行に専念する僧侶と、かれらの日常生活を支援する、いわば実務担当の僧侶の、二種類の僧侶がいたのです。この点は、後世の中国や日本でも同じです。たとえば、日本中世の禅宗寺院には、修行に専念する西班衆と、西班衆の日常生活を支援するために経済面の活動をになう東班衆というぐあいに、二種類の僧侶グループがありました。室町時代の対明貿易をになっていたのは、もちろんこの東班衆です。

そして、本来であれば、修行に専念する僧侶たちこそ寺院の主役のはずですが、実際には経済部門を担当する僧侶たちのほうが力をもってしまい、寺院の方針を左右するようなことも、よくあったようです。

しかし、それでも労働という行為が、仏教にとって究極の目的にほかならない悟りにつながるとは、みなされていませんでした。なぜなら、すでに述べたとおり、仏教の修行は瞑想の徹底に尽きる、とブッダが指導したからです。

## 大乗仏教の菩薩は職業人

先行する初期型の仏教と後発の大乗仏教のちがいはいろいろあります。この点は、わたしも自分の著書、たとえば『お坊さんのための「仏教入門」』（春秋社）や『あなたの知らない「仏教」入門』などでくわしく論じてきたので、興味をおもちの方は読んでいただきたいとおもいます。

ここで、いま論じている労働という観点から見た場合のちがいは、どうでしょうか。労働を拒否する初期型の仏教とは対照的に、大乗仏教の主人公である菩薩や聖者のなかに労働に従事する者がいます。このことは、さまざまな大乗仏典によく説かれています。

具体的な例をあげますと、もっとも古い大乗仏典とされる『八千頌般若経《はっせんじゅ》』には、商人として大成功して、大邸宅に住んでいるダルモードガタ（法上《ほうじょう》）という名の菩薩が登場します。『維摩経』の主人公、維摩居士もまた、都会に住む大商人で、むろん大金持ちです。

『法華経』の「譬喩品《ひゆほん》」に登場する長者も、商人として大成功して、大邸宅に住んでいます。かれの場合は、菩薩どころの話ではありません。釈迦牟尼如来のすがたが投影されているのです。同じく、「信解品《しんげほん》」の主人公も大商人であり、じつは釈迦牟尼如来の投影という設定です。

また、『華厳経』の白眉とされる「入法界品《にゅうほっかいぼん》」には、真理をもとめて彷徨する善財童子に、いろいろな立場から教えを垂れる聖者たちが五三人も登場しますが、そのなかには、おのおの職業をもっていて、そこで得られる利潤によって、経済的に自立している例が少なからず見られます。商人、香料商、船頭、金細工師などから、遊女すら出てくるのです。「家長」とよばれている聖者も四人出てきます。そうよばれているのですから、なんらかの職業に従事して、家族を養っているはずです。

かれらは職業に従事しながら、大乗仏教の深い智恵を得ていて、たずねてきた善財童子に、それぞれが得た大乗仏教の深い智恵を伝授します。まったく労働せず、お布施によって生命をたもち、もっぱら修行にはげむ出家僧とは対照的です。

『華厳経』はこんにちにいたるまで、中国でも日本でも、ひじょうに高く評価されてきました。その理由は、三千大千世界をはじめとする壮大無比な宇宙論、真理は現象とイコールの関係にあり、かつ真理を含む現象どうしが互いに限りなく交流しあっているという事事無礙の教え、豊かな文学性などにもとめられがちです。わたしもその点に異論はありませんが、それらにくわえて労働と真理獲得への道が近しい関係にあると説くところも、高い評価の一因となってきたとおもいます。

## 一日作さざれば一日食らわず

仏教は、中国に伝えられると、大きく変わりました。その原因の一つは、中国に伝えられた仏教はほとんどすべて大乗仏教だったという事実にもとめられます。初期型の仏教がまったく伝えられなかったわけではないのですが、中国人には受けいれられませんでした。

労働観も大きく変わりました。労働を容認するどころか、推奨する方向に転じたのです。大乗にはもともとそういう教えが含まれていましたから、自然な成り行きといえます。

典型例は、唐の時代に清規《しんぎ》、つまり禅宗寺院の規則をはじめて定めた百丈懐海《ひゃくじょうえかい》（七四九〜

八一四）です。かれは「一日作《な》さざれば一日食《く》らわず」といって、労働は出家僧にとってもっとも重要な修行の一つとみなし、「働かざる者、食うべからず」をみずから実践したのでした。

「一日作さざれば一日食らわず」の出典は、『祖堂集』巻十四の「百丈和尚」の伝記です。『祖堂集』は中国禅の伝承の歴史をつづった書物で、一〇世紀に編纂されました。そこに、こう書かれています。原文はいうまでもなく漢文ですが、難しすぎるので、ここでは書き下し文を掲載し、現代語訳を添えましょう。

師、平生苦節高行にして喩を以て言うこと難し。凡そ日給の執労は必ず衆に先んず。主事忍びず、密かに作具を収めて、息わんことを請う。師云く、吾に徳なし。争でか合に人を労すべけんと。師、遍く作具を求め、既に獲ずして亦た喰することを忘ず。故に一日作さざれば一日食わずの言有りて、寰宇に流播せり。

禅師（百丈懐海）は、つねひごろどんな苦しみにも耐え、またその行いの高潔さは、たとえようもなかった。いつでも誰よりも先に、日々の労働にいそしんでおられた。役持ちの僧侶が（百丈懐海が高齢にもかかわらず、働きづめなのを）心配して、禅師が使っている用具を隠して、「休息してください」とお願いした。それに対し、禅師は「わたしには徳がない。どうしてほかのものに苦労をかけられようか」といって、あちこち用具を探し求めたが、見つからなかった。そこで、食事をとらなかった。(理由を弟子が問うと)禅師は「今日は働かなかった。だから、今日は食べないのだ」と答えた。この言葉が後世、広まったのである。

この逸話が事実かどうか、はそう重要ではありません。それよりも、禅宗の規則として、日々の労働が修行の一環であると認識されたことのほうが、よほど重要です。堅い表現がゆるされるならば、労働の聖化がおこなわれたのです。これは、ここまで見てきたとおり、インド仏教ではなかった事態です。

百丈懐海の兄弟弟子だった龐居士《ほうこじ》(?~八〇八)も、労働を修行として実践した人物でした。百丈懐海の師である馬祖道一《ばそどういつ》(七〇九~七八八)の弟子となり、印可を得たにもかかわらず、寺には入らず、在家のままで仏道修行にはげんだのです。もともとは大金持ちでしたが、そのすべてを捨て去り、妻と一男一女とともに、笊《ざる》を編んで売り、生活の糧としたと伝えられます。在家のままだったという点は、馬祖道一や百丈懐海より、さらに徹底していたともいえます。ちなみに、馬祖道一も出身は農民で、箕《みの》をつくって売っていた家の息子でしたから、似たところはありました。

## 三階教の功罪

また、経済活動も、事と次第では、正統な仏道修行になりうるという主張も登場しました。そのいちばん極端な例が、三階教《さんがいきょう》です。三階教は、後漢の滅亡後、大混乱がつづいた南北朝時代の末期に、北斉の信行（五四〇〜九四）が開き、隋から唐中期にかけておおいに栄えた宗派です。

名称の「三階」は、正法《しょうぼう》・像法《ぞうぼう》・末法《まっぽう》という三段階の仏教の時代区分を、第一階・第二階・第三階とよびかえ、今の世はすでに末法、すなわち第三階に突入しているという認識にゆらいしています。なにしろ、末法時代ですから、ありとあらゆる人はみなそろって罪深く、愚劣な資質しかもちあわせていません。これまでの教えではもはや救いは得られません。

もし、救いを求めるのであれば、僧侶も在家の人々も、まずはおのれの罪深さ、愚劣さをとことん自覚したうえで、ありとあらゆる仏菩薩と経典をあつくあがめ、人々のなかに僅かながら残っている成仏の可能性に対し、だれかれとなく敬礼《きょうらい》し、布施に徹底して、財物を寺に寄進するしかない、と説いたのです。

ここで注目すべきは、最後の布施行の徹底です。布施行として寄進された財物は、「無尽蔵行」の名のもとに、中核寺院だった長安の化度寺の無尽蔵院や各地の三階教寺院の功徳所にあつめられ、資本運用されました。さきほどふれたインドの無尽の、いわば中国版ですが、もっとずっと過激でした。

三階教の場合は、『華厳経』や『維摩経』に、僧侶や恩師や貧者などにお布施をすれば、功徳が得られるという意味でつかわれている「敬田《きょうでん》」や「悲田《ひでん》」を、「無尽蔵物を以て、貧下の衆生に施す」というぐあいに、本来の意味とは異なる方向へ強引に解釈し、仏道修行と追善供養のための行為として、無尽を正当化したのです（道端良秀『唐時代仏教史の研究』）。

こういう発想は中国仏教に独特のもので、インド仏教にはなかったようです。なぜなら、インド仏教における無尽はあくまで経済行為であって、慈善的な要素は感じられないからです。この点からすると、インド仏教よりも中国仏教のほうが、創造的で現実的といえるかもしれません。

かくして、三階教は無尽によって得られた資金を運用して、お寺の堂塔伽藍の修理と貧民の救済、ならびに万民の供養を実践したのでした。しかも、貸し借りの方法もいたって簡単で、証文すら作成せず、期限が来たら返済すれば、それでけっこうというぐあいに、債務者にとってまことに有利な仕組みだったようです。まさに仏教の慈悲の精神にもとづく慈善事業だったのです。

ただし、三階教に問題がまったくなかったわけではありません。どの時代であれ、またどの地域であれ、金品が必要以上に蓄積されれば、そこに腐敗がきざしがちだからです。

残念ながら、三階教もその弊をまぬがれませんでした。いつしか、本来の目的を逸脱して、ひたすら利益をもとめて高利貸しと化してしまった例も少なくありませんでした。また、賃貸証書を改竄したり捏造したりと、詐欺的な不正行為も横行しました。なかには、無尽を担当する僧侶が、金品に目がくらんで、盗み出すようなことまで起こっています。

そのほかに、三階教が大きな経済力をもってしまったことや、三階教が自分たちだけの寺院を建立し、そこに志を同じくする者が、僧俗の別も身分の別もなく、あつまり住んだことも、政治権力から危惧をいだかれる原因となりました。その結果、隋でも唐でも、権力からいくたびも苛酷な弾圧をこうむり、三階教は歴史の表舞台から消え去りました。

もしも、三階教が腐敗せず、慈悲の精神にもとづき、かつ不当な利益を追求しない姿勢をたもちつづけたまま活動できたならば、経済活動というかたちの労働の聖化が実現したかもしれません。しかし、それは無理だったようです。

ただし、この方向性がまったくまちがっていたとはおもえません。なぜなら、日本仏教では、鎌倉時代に奈良の西大寺や鎌倉の極楽寺を拠点として、叡尊《えいそん》と忍性《にんしょう》の子弟を中核とする真言律宗の僧侶たちが、三階教に一脈通じる活動を展開し、病人や理不尽な差別に苦しむ人々の救済に、多大の功績をあげたからです。この事実を考えれば、三階教の試みは、条件付きで、再評価されてもよいのではないでしょうか。

## チベット仏教

現時点で、大乗仏教が生き残っていて、多少なりとも社会に影響をあたえられる国や地域はどこか、というと、じつは日本くらいしか見当たりません。半世紀以上、時間をもどせるなら、チベットもそうでしたが、いまはちがいます。一九五〇年代のチベット動乱をきっかけに、世界各地にチベット仏教がひろまった反面、母国のチベットでは、残念ながら、衰退の一途をたどっているからです。

チベット仏教は、日本仏教に比べると、やや後発の大乗仏教です。もう少し具体的に、それぞれが根本聖典としてあがめる仏典の成立時期でいえば、おおむね日本仏教が紀元後二～七世紀なのに対し、チベット仏教は七～一〇世紀です。また、チベット仏教では、最後発のインド大乗仏教にほかならない密教が圧倒的に優位なのに対し、日本仏教では、密教に先行する大乗である顕教と密教が両立しています。そして、同じ密教でも、チベットの密教が最後発のタイプで、完成度が高い代わりに、教義も表現もそうとうに過激なのに対し、日本の密教はチベットの密教よりも少し前に成立したタイプで、まだずっと穏健です。

もっとも、いま述べたようなことがらは、労働観という点からすると、あまり関係はありません。それよりも、チベット仏教が、インド仏教の系列なのか、中国仏教の系列なのか、という点のほうがよほど重要です。

結論からいうと、チベット仏教はインド後期大乗仏教のかなり忠実な後継者です。みずからそう自認しているだけでなく、客観的に見てもそういえます。いいかえると、中国型の仏教ではありません。

このあたりの事情は、継承した仏教のタイプこそ異なりますが、南アジアや東南アジアにひろまったテーラワーダ仏教が、インドの初期型仏教をかなり忠実に継承してきた事実と引き比べてみるとき、考えさせられるものがあります。つまり、インドから仏教が伝えられたころ、チベットにも南アジアや東南アジアにも、インドに匹敵するだけの精神文明がはぐくまれていなかったために、インドから伝えられたものを忠実に継承するという選択肢しかなかったのでしょう。

いっぽう、中国には、インドとはまったくちがうかたちの精神文明がすでにはぐくまれていました。そのため、仏教もその影響を受けざるをえず、大きく変容したのです。労働観の変容も、その一つでした。

話がここまで来れば、チベット仏教の労働観もおおよそ予想がつくとおもいます。インド仏教の労働観と同じです。密教が開発した複雑な瞑想が修行の中心を占めていて、労働が修行の一環となるという発想は見当たりません。

## 売り物は仏教

チベット仏教には、他の地域にひろまった仏教にはない特徴があります。政教一致の体制です。宗派の最高位にある僧侶が、宗教の領域にとどまらず、政治の領域まで支配するという構造です。これは、現代のチベット仏教を代表するダライ・ラマを見れば、よくわかるとおもいます。ダライ・ラマがチベットの聖俗両面にわたる指導者にほかならないことは、誰の目にもあきらかです。

では、なぜ、チベットでは政教一致の体制ができたのでしょうか。最大の原因は、この地域の生産力がいちじるしく乏しいという現実にゆらいします。チベット高原の平均高度は四〇〇〇メートルに達します。農業に適した土地はきわめてかぎられるうえに、痩せ細っています。牧畜もモンゴル高原ほど、有力な生産手段ではありません。

そうなると、経済をささえるてだては、ごく限られてしまいます。その、ごく限られたてだてが仏教でした。各地に割拠していた有力な豪族たちは、自分たちの血族のなかから頭脳明晰な者を撰んで出家させ、かれを指導者とする寺院を建立し、地域の政治と経済の拠点に仕立て上げたのです。

さらに、北方のモンゴル族にチベット仏教をひろめ、熱心な信者にして、かれらから莫大なお布施を獲得することに成功しました。モンゴル族は、ご存じのとおり、中世の段階では世界最強の軍事力をもち、ユーラシア大陸の大部分を支配したこともありました。しかし、こと精神世界にかんしてはまだ未開の状態で、確固たる宗教観や教義はもっていませんでした。チベット仏教はそこに付け入ったのです。

ようするに、チベット仏教は仏教を産業化して、モンゴル人たちにすこぶる高額で売りつけたのです。荘厳な寺院や華麗な儀礼によって、モンゴル人たちの心を奪っただけではありません。モンゴルの皇帝とチベット仏教の指導的な立場にある僧侶のあいだに、「施主と説法師」もしくは「施主と帰依処（霊的指導者）」などとよばれる特殊な関係をむすび、モンゴルによる統治を、チベット仏教によって正当化する役割を果たし、その見返りとして、莫大なお布施をいただくという、まさにもちつもたれつのあいだがらをきずきあげたのです。こうして、チベット仏教は我が世の春を謳歌しました。

しかし、このしたたかさがのちにチベットの衰退を招く一因ともなってしまいました。わたしにとって、チベット仏教の師であるツルティム・ケサン先生は、よくこうおっしゃいます。「チベット仏教はすばらしい。教義においても修行法においても、世界に並ぶものがない。しかし、チベットはあまりにも仏教に入れ込みすぎた。政治や経済とのバランスを欠いてしまった。その結果、チベットは亡国の憂き目を見た」と。

たしかに、仏教にかたよりすぎてしまったために、チベットは時代の流れからとりのこされてしまいました。乱暴な表現をゆるしていただけば、チベットは二〇世紀の中頃まで、中世のままでした。日本の歴史にたとえれば、室町時代くらいでしょうか。江戸時代とはとてもいえません。

そこにいきなり、唯物論で武装した中国共産党の軍隊が侵入してきたのです。チベット動乱です。もちろん、チベットでも、当時のダライ・ラマ政権は内外の情勢に危機感をいだき、外交交渉や軍事調練など、少しは対処策を講じてはいましたが、近代的な国家統治とはかけはなれた状態でしたから、効果的な抵抗など、まるで無理でした。膨大な数のチベット人が無残に殺害され、あるいは牢獄につながれ、あっという間に、独立した存在としてのチベットは失われてしまったのです。

その結果、現時点では、伝統的なチベット仏教を継承できている僧侶は、まことに残念ですが、皆無に近くなっています。もちろん、亡命をよぎなくされたダライ・ラマ一四世の尋常ならざる努力もあって、海外にチベット仏教がひろめられ、あいもかわらぬチベット人のしたたかさを感じはします。しかし、故郷を離れざるをえなかったチベット仏教が今後、どうなっていくのか、と問われると、色よい返事はできないのが実状です。わけても、ダライ・ラマ一四世という、希代のスーパースターがこの世からすがたを消したのちを考えると、チベット仏教と長らくかかわってきたわたしとしては、暗い気持ちにならざるをえません。

## 中国仏教の末路

ここでいったん、中国仏教のその後について、お話ししていきます。

みなさんよくご存じの曹操や劉備玄徳、あるいは諸葛孔明といった英雄が活躍していた三国時代のつぎの時代、すなわち南北朝の動乱期から、隋による中国統一、さらに隋を滅ぼして天下をとった唐の時代あたりまでが、中国仏教の全盛期でした。このころは華厳宗や天台宗、あるいは律宗をはじめ、さまざまなタイプの仏教が栄えていました。

また、中国在来の宗教である道教と融合して、仏教とも道教ともつかず、かつ現世利益に徹底するタイプの宗教が生まれては消え、生まれては消えることを繰り返していくことになります。そもそも、禅宗には道教的な要素があまた見出せます。さらに、浄土教にも、道教的な神仙思想、つまり仙人になって永遠の生命をたもちたいという思想の影響があると指摘されています。禅宗と浄土教が、他の宗派が衰えたのちも、長きにわたり存続できた理由の一端は、このあたりにもとめられるようです。

ところが、宋の時代になると、まず密教がほぼ滅び、禅宗と浄土教をのぞくと、ほとんどの宗派が衰退の一途をたどりました。その背景には、政権が支配のためのイデオロギーとして採用した儒教の反仏教的な姿勢がありました。特に、北方の異民族から強い圧迫を受けるようになると、仏教は異民族の教えであるという理由で排撃の対象になったのです。

宋を滅ぼした元の時代は、支配階層のモンゴル族はチベット仏教を信仰し、被支配階層の漢民族の信仰はおおむね禅宗と浄土教でした。かれらはチベット仏教に対しては、よい感情はもっていませんでした。支配階層の宗教であり、中国伝統の仏教とも大きく異なるうえに、チベット仏教の僧侶たちのなかに、モンゴル族からあたえられた特権を悪用して、漢民族に不当な圧迫をくわえたり、苛酷な搾取をおこなったりする者がいたからです。

モンゴル族を北方の高原に追い払った明の時代になると、儒教の力がかつてなく大きくなり、仏教に対する統制がきわめて厳しくおこなわれました。一般の人々はあいかわらず禅宗と浄土教を信仰していましたが、その勢力はじょじょに小さくなっていきました。また、禅宗と浄土教が、浄土教を優位とするかたちで融合するという事態も生じました。チベット仏教の影響力もまだかなり残っていて、明の末期になると、皇帝のなかにはチベット仏教にあこがれ、信仰するというよりも惑溺するといったほうがふさわしいほどの事例も見られました。

そして清の時代には、元の時代と同じように、支配階層は自分たちが満州族ということから、チベット仏教を信仰しました。もっとも、元の時代は、モンゴルの皇帝とチベット仏教の指導的な立場にある僧侶は対等に近い関係にあったのに対し、清の時代では、清の皇帝が、チベット仏教の指導的な立場にある僧侶のうえに君臨するというかたちに変わりました。チベット仏教のがわはそれを認めたくなかったのですが、現実は苛酷で、元の時代のような力はもはや発揮できませんでした。

そのかたわら、被支配階層の漢民族を統治するための対策として、儒教を明の時代にもまして優遇し、仏教は民衆を惑わす悪しき宗教として排撃されました。僧侶は社会教化の場を奪われ、寺院は都市を追われて、人里離れた山中に立地しなければならないと規定されました。婦女子が寺院に参拝することも禁止され、仏教は惨憺たる状態におちいったのです。

このいきさつは、日本仏教がなにやかやといわれながらも、社会に対してそれなりの影響力をたもってきた歴史とは、まったく異なります。現時点の中国では、唯物論を支配イデオロギーとする共産党による国家統治がおこなわれていて、宗教が社会に対してなんらかの影響をあたえうる状況にはありません。一般の人々のあいだには、お寺に詣でる例もありますが、そのほとんどは徹底した現世利益をもとめているのであって、仏教が本来めざしていた精神的な救済とは縁遠いようです。正直言って、中国仏教に期待はできません。

朝鮮半島の仏教も、中国仏教とよく似た経路をへて現代に至っています。古代の三国時代にはじまり、新羅と高麗の時代には仏教がひじょうに尊崇されていました。しかし、朝鮮王朝の時代になると、儒教が支配イデオロギーとして圧倒的な力をもち、寺院は山中に追いやられてしまいました。いま韓国にのこる仏教は、やはり禅宗系で、社会に対してさして影響力はないようです。なにしろ、国民の三〇パーセントほどがキリスト教徒というぐあいに、日本とは隣同士でありながら、宗教事情は大きく異なります。北朝鮮の仏教については、もはやいうべきことはありません。

労働観に関して注目すべきは、中国仏教の影響が日本仏教に、それもはるか後世の、近世に位置づけられる江戸時代の仏教に、多大の影響をあたえた可能性が否めない点です。それは鈴木正三《しょうさん》（一五七九～一六五五）の事跡です。この人物は、日本の資本主義を準備する思想をきずきあげたと評価される曹洞宗の僧侶ですが、思想の根拠を百丈懐海にもとめたという説があるのです。このことはあとで述べますので、少しお待ちください。

## テーラワーダ仏教

現在、スリランカ、ミャンマー、タイ、カンボジアの各国にひろまっているテーラワーダ仏教は上座仏教もしくは上座部仏教ともよばれ、ブッダ以来の伝統を忠実に継承していると自認しています。この認識は、歴史的に見ても、かなり妥当です。少なくとも、現時点において、この地球上にある仏教のなかで、もっともブッダの教えに近い仏教であることに、まちがいはありません。

ただし、ブッダの教えそのものを完璧に継承している、といい切れるかどうかとなると、疑問のよちはあります。客観性を重んじる立場からいえば、ブッダの在世時から一〇〇年以上のちになってから成立した部派仏教の時代の、もっとも保守的なタイプの仏教を継承しているとみなしたほうがまちがいありません。ですから、初期仏教の継承者という表現がよいのかもしれません。

テーラワーダ仏教は、具足戒とよばれる厳しい戒律をきちんと守る出家僧の集団、すなわちサンガと、それを物心両面でささえる在家信者から構成されています。僧侶は、労働は堕落の第一歩というブッダの教えをまもって、いっさい労働せず、経済生活はもっぱら在家からのお布施にたよっています。

いまでも朝になると、軽い朝食をとったあと、僧侶たちは列を組んで在家信者たちの家々をまわり、手に持った鉢に食物をお布施されて、お寺に帰ってきます。それから、やおら昼食の時間です。正午を過ぎると食べてはならないと規定されていますが、テーラワーダ仏教がひろまっている国々は熱帯にありますから、よく汗をかくため、水分補給はゆるされているようです。また、托鉢でお布施された米や野菜などの食料を、お寺のなかにしつらえられた厨房で調理して、みんなで食べることになっているところもあります。

食事の内容は基本的にとても質素です。ところが、最近では、高カロリーかつ高脂質の食物をお布施されることもよくあって、お布施されたものは無駄にはできないために、食べてしまわざるをえず、その結果、高血圧や糖尿病などの成人病に悩まされる僧侶も、少なからずいると聞きます。タイでは、僧侶の半数近くが肥満に悩んでいるという報告もあります。こういう事態も、高カロリーかつ高脂質の食物が簡単に、しかもわりあい安価に手に入れられる時代になったからこそ生じたわけで、近代化と無縁ではないのです。

## 乞食者と福田

こうした出家僧と在家の関係は、「福田」という理論で説明されます。そもそも、出家僧を意味する「比丘（パーリ語のビック bhikkhu、サンスクリットのビクシュ bhikṣu）」という言葉の原義は「食を乞う者」、すなわち乞食者なのです。

仏教の出家僧が「乞食者」でなければならないことは、ブッダが労働を厳禁したことの必然的な結果です。このことは、出家僧を食事・衣服・居所・常備薬という四つの項目により規定する「四依法」にも明記されています。その第一項に、「出家は乞食に依る、此に於て乃至命終るまで勤むべし」（『南伝大蔵経』第三巻）と記されているのです。この点を見ても、乞食という行為がいかに重要な要素であったかがわかります。

なにしろ、労働が厳禁されているのですから、食を得るには乞食しかありません。しかし、こういう方式は社会に寄生して生きる存在とみなされる可能性が否めません。

それはひじょうにまずい話です。となれば、出家僧は自分たちが社会に寄生して生きる存在ではなく、無為徒食しているのでもないことを、人々に納得してもらう必要が出てきます。そのために二つの方法が考案され、かつ実践されました。

一つは、だれからも非難されない生活態度に徹することです。テーラワーダ仏教が、俗人では絶対に守れないような厳しい戒律を、これでもかこれでもかといわんばかりに、たくさん設定した理由の一つは、まちがいなくここに求められます。むろん、戒律を犯した者は容赦なく追放されました。

もう一つが「福田《ふくでん》」です。これは、読んで字のごとく、田に植えられた稲に肥料をほどこすと実りがより多く得られるのと同じように、出家僧に食物を布施することが功徳になり、来世における幸福をもたらすという発想です。実際には、食物にかぎらず、出家僧の生活全般にわたって、なんらかの貢献を果たせば、それが功徳として、いわばカウントされ、来世における幸福をもたらすと考えられたのです。しかも、布施の質や量によって功徳の大小が左右され、早い話が布施の質がよければよいほど、量が多ければ多いほど、得られる功徳も大きいという論理が採用されています。

こうして、出家僧と在家信者は、もちつもたれつの関係になれるというわけです。ブッダが弟子たちにもとめた労働厳禁を前提にするかぎり、「福田」は理想的な関係といえます。

申し添えれば、「福田」はテーラワーダ仏教にかぎりません。チベット仏教でも見られます。じつは、「福田」は、出家僧と在家信者の知的なレベルが大きいところでないと成り立たない傾向があり、それもまた近代化をはばむ要素の一つなのですが、この件については、第3章で論じるつもりですので、ここではこれ以上はふれません。

## 鈴木正三の労働観

日本仏教において、仏教における労働観を確立し、資本主義への道を準備することで、日本を近代化へみちびいた仏教者といえば、さきほど「中国仏教の末路」というところでちょっとふれたとおり、江戸時代の曹洞宗の僧侶、鈴木正三があげられます。たしかに、鈴木正三の功績は大きかったとおもいます。

鈴木正三は、もとはといえば徳川家康につかえて大阪の陣で戦功を立てた武士でしたが、四二歳で出家して曹洞宗の僧侶となりました。ただし、宗派にこだわらず、臨済宗の師家《しけ》（指導的な立場にある高僧）とも親交がありました。それだけではありません。律宗の律師《りっし》（戒律をつかさどる高僧）から沙弥戒《しゃみかい》（見習い僧がまもるべき戒律）をさずかっています。さらに、中国の唐時代の禅宗の高僧、普化《ふけ》にも傾倒していたという。普化は、常識からかけ離れたふるまいをして風狂の名をほしいままにし、夜は墓地に眠り、昼は市場にあらわれて人々を教化したと伝えられます。日本で似た例をもとめれば、一休宗純にやや近いかもしれません。ともあれ、宗派にとらわれない、自由な立場から禅宗をひろめた偉人でした。

その正三がのこした著書に『万民徳用』があります。そのなかに、こういう文章が見えます。

仏法修行は諸の業障を滅尽して、一切の苦を去る、この心即ち士農工商の上に用ひて身心安楽の宝なり。

…………

何の事業もみな仏行なり。人々の所作の上において成仏したまふべし。仏行の外なる作業有るべからず。一切の所作、みな以て世界のためとなることを以てしるべし。仏体をうけ、仏性そなはりたる人間、意得《こころえ》あしくして、好みて悪道に入ることなかれ。

また、最晩年に書いた『修行之念願』という著書には、こうも述べられています。

仏語に、世間に入得すれば出世あまりなしと説給へり。此文は、世法にて成仏するの理なり。然ば世法則仏法也。若し世法にて成仏する道理を不用ば、一切仏意をしらざる人也。願ば世法を則仏法になし給へかしとの念願なり。

ちなみに、「仏語に、世間に入得すれば出世あまりなしと説給へり」というのは、『華厳経』にゆらいしています。「世法」は俗世界における労働をさしています。

このように、正三は、労働こそが悟りへの道にほかならない、労働は世のため人のためになる真正な行為である、職業に貴賎はない、だから真面目に働きなさい、と主張しました。こういう発想は、正三以前には見出しがたいものでした。その点は正三も自覚していて、晩年の正三が語った言葉を門弟が書きとめた『驢鞍橋《ろあんきょう》』という書物のなかで、こう述べています。なお、この文書は少しわかりにくいので、現代語訳しておきます。

昔ヨリ僧俗ニ付、道者多シトイヱドモ、皆仏法知ニ成タ計ニテ、世法万事ニ使フト云事ヲ云タル人一人モナシ。有モコソセンズガ、今迄終ニ不聞。大略我云始カト覚ル也。

昔から、出家僧であろうと在家信者であろうと、悟りを得たと主張する人は数多くいる。しかし、かれらは仏法知りになっただけで、世俗の労働が悟りへの道にほかならないと主張した人は、一人もいない。もしかしたら、いたのかもしれないが、これまで聞いたことがない。おそらく、わたしがいい出しっぺだろうとおもう。

正三の主張は「士農工商」という封建的な身分秩序を正当化しているという批判もあります。また、各宗派の偉大な祖師たちを遠慮会釈なく非難したというので、身のほど知らずと、逆に非難されることもあります。なるほど、そういうところはありますが、四〇〇年も前に、労働こそ悟りへの道にほかならないと主張した功績は、きちんとみとめるべきでしょう。

ちなみに、正三は、在家のままで修行にはげんだ龐居士のことを尊敬していたようです。証拠があります。江戸の下谷に住んでいた一〇〇歳を超えるという住職が、「長生きしすぎた」といって、全財産を親類や弟子にではなく、あかの他人に分けてしまい、本人は着の身着のままになって臨終正念の修行をし、二一日間の断食の果てに亡くなった、という話を耳にした正三が、「てぎわなる往生也。殊に財宝のしまつ抔はあつぱれ、龐居士の振舞に不異と也（すばらしい往生だ。ことに財宝の処理などはあっぱれで、龐居士のやりかたと同じだ）」といって、称讃した話が『驢鞍橋』にあるのです。

## 易行による救済への道

鈴木正三だけが近代化への道を切り開いたわけではありません。鈴木正三以前にも、直接的に資本主義への道につながったとはいえないまでも、仏教信仰のなかに労働をちゃんと意義づけることに成功した事例はあります。

日本仏教の長い歴史をみわたすとき、労働の聖化による近代化への道を最初に用意したのは、平安末期から鎌倉初期の時代にはじまった仏教界の新たな動向にある、とわたしは考えています。

ここで手掛かりとなるのは、鈴木正三の禅が「念仏禅」だったという事実です。「念仏禅」というくらいですから、「南無阿弥陀仏」と念仏をとなえる禅です。正三は念仏を、阿弥陀如来の本願をたのむ他力の念仏としてではなく、貪瞋癡という三毒の煩悩、すなわち貪欲と瞋りと無知の三つの煩悩を滅却するすべとして、もちいました。

といっても、他力本願の念仏をまったく否定したわけではありません。他力本願・罪業懺悔・善悪分別裁断・臨終正念・離相離念というぐあいに、念仏に五つの意義をみとめ、その人の資質におうじて、となえればよいという立場をとりました。正三自身がえらんだ念仏は、三毒を滅却するための念仏ですから、善悪分別裁断の念仏にあたります。このことは『驢鞍橋』におさめられた尾張藩の農民に対する説法、あるいは『二人比丘尼』という著書に述べられています。正三の念仏は、あえていえば、自力的な念仏でした（藤吉慈海『日本の禅語録　正三』講談社）。

もっとも、ここでは、念仏の目的が何なのか、は問題ではありません。念仏のように、だれでもできる方法で成仏できるという考え方が、平安末期から鎌倉初期の時代に登場したという歴史的な事実が重要なのです。念仏はだれでもできる方法の代表です。しかし、念仏だけではありません。日蓮がひろめた題目も、だれでもできる方法です。

こういうと、それは鎌倉新仏教のことなのだな、という話になりがちですが、この種の方法は鎌倉新仏教だけが採用していたわけではありません。じつは、いわゆる旧仏教とよばれる伝統派も、よく似た方法を採用していました。その典型例が光明真言《こうみょうしんごん》です。

この真言は密教の教主とされる大日如来の真言で、「おん　あぼきゃ　べいろしゃなう　まかぼだら　まに　はんどま　じんばら　はらばりたや　うん」ととなえられます。本来は重い罪を滅し、死者の霊魂を力づけて、あの世に無事おくりとどけるために、よくつかわれていましたが、平安末期になると、真言密教系の宗派では万能の聖なる呪文として、さかんにつかわれるようになりました。この時期、戒律の復興運動などに大きな役割を演じた明恵も、この真言の熱烈な信奉者でした。

この時期の宗教事情というと、極楽往生を願って、だれもかれもがただひたすら「南無阿弥陀仏」と念仏ばかり唱えていたような印象があります。しかし、実際には光明真言の読誦による救済も、大きなブームになっていたのです。

念仏にしろ、題目にしろ、光明真言にしろ、だれでも簡単に実践できるところに特徴があります。修行の種類でいえば、易行です。難行苦行の反対です。また、それまでの修行が複雑で、「あれもこれも」だったのに対し、「あれか、これか」というぐあいに、選択的です。そして、それ一つだけで願いがかなうとされるのが、最大の利点です。

## 念仏と題目

念仏と題目は、こののち時代を超えて、となえられつづけます。それに比べると、光明真言はやがて劣勢になっていきました。宗教のプロフェッショナルともいうべき僧侶のあいだでは、あいかわらずとなえられましたが、同じくアマチュアというべき在家信者のあいだではすたれていったのです。

原因はいろいろ考えられます。まず、室町時代からあとになると、旧仏教が鎌倉新仏教におされていったことが大きかったのでしょう。このことは、お寺の数の推移を見ればよくわかります。室町時代も中期になると、鎌倉新仏教系のお寺の数が、文字どおり爆発的に増えていったのに対し、旧仏教系のお寺の数はほとんど増えていません。なぜ、そうなったのか、原因はこれまたいろいろありますが、全体的な傾向として鎌倉新仏教系の宗派のほうが、葬儀の遂行に熱心だったことも関係していたようです。いわゆる葬式仏教は禅系の宗派が先行し、ついで鎌倉新仏教の他の宗派がそれを追うかたちでひろがっていったのです。

また、光明真言の「おん　あぼきゃ　べいろしゃなう　まかぼだら　まに　はんどま　じんばら　はらばりたや　うん」は、念仏の「南無阿弥陀仏」や題目の「南無妙法蓮華経」に比べると、やはり長くて、覚えにくい気もします。

教義としても、念仏や題目は唯一絶対にして万能の聖なる呪文という性格があるのに対し、光明真言は数ある真言陀羅尼のなかの一つという性格から完全には脱しきれませんでした。そもそも、「南無阿弥陀仏」と「南無妙法蓮華経」は意味を問う必要がないくらいですが、「おん　あぼきゃ　べいろしゃなう　まかぼだら　まに　はんどま　じんばら　はらばりたや　うん」は、サンスクリットの発音そのままで、門外漢には意味不明というしかありません。なお、光明真言の意味は「オーン　効験むなしからざる遍照の大印よ。宝珠と蓮華と光明の徳をもつものよ。転換させよ。フーム」で、念仏や題目ほどわかりやすくはありません。

鎌倉新仏教系の宗派のなかでも、布教にもっとも成功したのは、一向宗ともよばれた浄土真宗と法華宗でした。法華宗は日蓮宗ともよばれますが、日蓮宗という呼称が一般化したのはむしろ明治時代以降のことで、かつては法華宗のほうが一般的でした。

この二つの宗派が布教に成功した理由は、念仏と題目という強力なすべをもっていただけではありません。布教の対象が、それまで仏教者からあまり関心をもたれていなかった民衆だったことも大きかったのです。とりわけ、商人たちが帰依したことがとても大きかったのです。

たとえば、法華宗の場合、もっとも強力な帰依者は京都や堺の町衆、すなわち富裕な商人たちでした。浄土真宗というと、農民が主に帰依したようにおもわれがちですが、実際には商人階層も少なからず帰依していました。中世末期から近世の時期、三大商人といわれた大阪商人、近江商人、伊勢商人のうち、伊勢神宮を尊崇せざるをえなかった伊勢商人をのぞき、大阪商人と近江商人は浄土真宗の信者が多くを占めていました。

歴史をさかのぼれば、関東にいたころの親鸞が布教の対象としていたのは、農民というよりは、地方の有力武士層のほか、当時としては交易の盛んな都市的な性格をもつ津（港）において、舟運にも従事する人々でした（松尾剛次『親鸞再考』ＮＨＫ出版）。いつの世でも、お金をあつかう階層が帰依しないと、宗教は大きな勢力になれないのです。

また、戦国時代も後半期に入ると、鉄砲が戦いの帰趨を決するようになりますが、そのころ性能のよい鉄砲を大量に生産していたのは、和泉の堺と紀州の根来と近江の国友および日野でした。このうち、根来が新義真言宗の本山だったことをのぞけば、他はいずれも鎌倉新仏教と深いかかわりがありました。堺は法華宗の牙城でしたし、近江の国友と日野は浄土真宗の信者が多かったところです。

安土桃山時代から江戸初期にかけての時期に、芸術の領域で活躍した人物に、法華宗に帰依した事例が多いことも特筆されます。絵画の狩野派、長谷川等伯、本阿弥光悦、尾形光琳、尾形乾山、俵屋宗達などがそうです。この時期の芸術は、京都あたりの町衆がパトロンという場合が多いので、ごく自然ななりゆきです。そして、これらの人々が創造した芸術が、近世という時代の枠組みをこえて、超時代的な価値をもっている事実は注目されます。

## 中世の民衆教化

やや時代がもどってしまい、申しわけありませんが、中世の民衆教化については、ぜひともふれておきたいとおもいます。なぜなら、この時期、他の国や地域の仏教では見られないかたちの民衆教化が、日本でのみ、おこなわれていた事実があるからです。

それは多くの場合、祖師たちの手紙のたぐいでした。あるいは、やさしい言葉でつづられた「仮名書き法語」というかたちもありました。

たとえば、鎌倉新仏教の祖師たちは、在家の信者宛によく手紙を書いています。もっとも目立つのは日蓮です。「御書」とよばれる手紙のたぐいは、真偽ふくめれば、なんと四百通をはるかに超えるものがのこされています。これらは、在家信者への手紙にあたる「消息文」と、教義にまつわる論文にあたる「法門書」に分けられますが、いずれも手紙のように出されて、弟子や信者のあいだで回し読みされていました。「三大部」とよばれる代表作も、鎌倉幕府の執権という最重要の役職にあった北条時頼に奉進された『立正安国論』を唯一の例外として、『開目抄』も『勧心本尊抄』も、そうでした。

親鸞も、関東の信者たちから手紙に託して寄せられた相談事に、手紙で答えています。これらの手紙は「御消息」とよばれ、四三通が現存しています。

浄土真宗にとって中興の祖とされる蓮如も、「御文」とよばれる手紙のたぐいをひじょうにうまくつかいました。内容は仮名書きの法語で、その数は二百数十通にのぼります。なかでも有名なのは「夫 人間ノ浮生ナル相ヲツラツラ観スルニ……サレハ 朝ニハ紅顔アリテ夕ニハ白骨トナレル身ナリ ステニ无常ノ風キタリヌレハ……」という『白骨の御文章（御文）』です。ここにあらわれている無常観は、日本人の心の琴線にことのほか強くふれるようです。

やさしい言葉で教えを語るという点では、禅宗も負けていません。禅宗は不立文字をとなえますが、この言葉とは裏腹に、祖師たちはあまたの文章を書きつづりました。日本の宗派のなかで、いちばん多く文章をのこしたのは、じつは禅宗なのです。

ところで、臨済宗では悟りの境地を漢詩に託す伝統があって、漢文の素養がないと、師から印可を得られませんでした。しかし、漢文で民衆を教化しようとしても無理があります。そこで、民衆の教化を目的として書かれた文章は、読みづらく意味もとりにくい漢字ではなく、他の宗派と同じように、やさしい仮名で書かれました。これが「仮名法語」です。頓知話で知られる一休宗純はもとより、歴代の禅僧たちがのこした「仮名法語」の数はまさに膨大で、よくもこれほど書いたなあ、と驚かされるほどです。

専門家をのぞけば、あまり知られていませんが、密教系の宗派も「仮名法語」をかなりのこしています。鎌倉新仏教系の宗派のものと比べると、もともと複雑で難解な教義の宗派だけに、けっこう難しいところがありますが、密教は密教なりに民衆教化につとめていた事実は確認できます。

このように、手紙のたぐいが民衆の教化につかわれた背景には、このころすでに字が読める人々がかなりいたという事実があります。もちろん、その数は近代や近世に比べれば、ずっと少なかったでしょうが、都市圏のみならず、地方にも有力な武士層や富裕な商人層、あるいは有力な農民のなかに確実にいたのです。

この点は、戦国時代にヨーロッパからキリスト教の布教を目的に日本をおとずれた宣教師たちが、日本人の識字率や教養の高さに驚嘆している事実からもうらづけられます。

たとえば、最初の宣教師として、一五四九年に日本を訪れたフランシスコ・ザビエル（一五〇六～一五五二）は、到着地の鹿児島からインドのゴアにいた会友にあてた書簡に、「住民の大部分は読むことも書くこともできる。これは、祈りや神のことを短時間に学ぶための、すこぶる有利な点である」とか「ここはほとんど全部の者が読み書きを識っているので、祈りを覚えることも、じつに早い」(『聖フランシスコ・デ・ザビエル書翰抄』岩波文庫)と書きのこしています。また、「この坊さんたちは、その寺の中に武士の子供をたくさん置き、かれらに読み書きを教える」(同上)ともしたためています。

さらに時代をさかのぼって、室町時代の中期にあたる一四四三年に、お隣の朝鮮王朝から国王の成宗の命を受け、朝鮮通信使の一員として来日した申叔舟《シンスクチュ》(一四一七〜一四七五)は、著書の『海東諸国紀』に、「男女となく皆その国字を習う。国字はかたかなと号す」としるしています。ここに出てくる「男女」は、申叔舟が接した人々にかぎられるとおもいますが、わざわざこうしるしているということは、自分の国ではありえないことだったからにちがいありません。

申叔舟はハングルの創製にも関与していたといわれます。それを考えると、おもわず自国の状況と引き比べずはいられなかったのかもしれません。ちなみに、ハングルは創製されたものの、当時の朝鮮王朝は中国を宗主国とする冊封体制にあり、漢文を正統とする意識は強かったために、日本のひらがなやカタカナのようには普及しませんでした。

では、日本中世における識字率の高さは、なぜ、実現したのでしょうか。また、もともと識字率が高かったために、おのおのの宗派の教えが広まったのでしょうか。それとも、おのおのの宗派の教えをひろめるために、僧侶のがわが努力した結果、識字率が高まったのでしょうか。

まるで、ニワトリが先か卵が先か、みたいな問いですが、どちらにころんでも、仏教の果たした役割は重大です。

僧侶たちにすれば、自分たちの教えを民衆にぜひひろめたいと願ったことでしょうし、民衆も仏教に救いをもとめているからには、その教えをぜひ知りたいと願ったことでしょう。この相互のおもいがひびきあって、結果的に識字率の向上につながったとみなしてよいとおもいます。

さきほども指摘したとおり、こういうことはテーラワーダ仏教でもチベット仏教でも起こっていません。仏教を説くがわと、仏教を説かれるがわのあいだに、あまりにも大きな壁か溝があったという証拠であり、近代化に立ちおくれた原因でもあります。

## 「土民」の仏教

この種の努力は、江戸時代もつづきました。話をもう一度、鈴木正三にもどします。

正三は『驢鞍橋』のなかで、「後来、必曹洞宗土田夫の家風より、法起る事有べしと也」と語っています。「やがて、曹洞宗のような土民の禅風から、必ずや真の仏法が起こってくるにちがいない」という意味です。

じつは、引用した文章の前に、臨済宗が外見ばかりとりつくろっていて、真の仏法は起こりがたいという一節があります。これは、「臨済将軍曹洞土民」といわれたように、同じ禅宗でも臨済宗が鎌倉幕府の執権たちからはじまって、足利将軍家というぐあいに、歴代の武家政権から尊崇され、政治的にも文化的にも重視されつづけてきたのに対し、曹洞宗は地方に在住する武士や一般の民衆にひろまったという歴史的な事実と、無縁ではありません。いわゆる京都五山も鎌倉五山も、みなそろって臨済宗の名刹ばかりで、曹洞宗のお寺は入っていません。

しかし、正三は「土田夫」の禅でなければ、真の仏法は起こらないと断言します。

この件に関連して、こういう文言もあります。「天子天台、公家真言、公方浄土、武士禅、日蓮乞食、門徒それ以下」です。鈴木正三から二〇〇年ほど後に登場した国学者の平田篤胤（一七七六～一八四三）が発しました。つまり、信仰する宗派を階層別に述べると、天皇家は天台宗、貴族は真言宗、将軍家は浄土宗、武士は臨済宗、商人は日蓮宗（法華宗）、それ以下の階層の人々は浄土真宗という意味です。「乞食」とか「それ以下」という表現はひどいものですが、仏教が大嫌いだった平田篤胤のことですから、ここまでの罵詈雑言になったのでしょう。ただし、日本仏教に、平田篤胤が述べたような階層と宗派にまつわる関係があったことは一半の事実です。

注目すべきは、鈴木正三の「土田夫」、あるいは「土民」、平田篤胤の「乞食」とか「それ以下」とよばれるような階層の人々が仏教に目覚めることが、なにより重要という事実です。もとより、これらの人々を仏教に目覚めさせるためには、仏教をこれらの人々が理解できるかたちで提供する必要があります。そして、そのことが結果的に、「土田夫」や「土民」や「乞食」や「それ以下」とよばれるような階層の人々の知的なレベルを高めることになったという点が、もっとも注目すべき点です。

もちろん、鈴木正三が、わたしたちがいま論じている近代化という概念を知っていたわけではありませんし、めざしていたわけでもありません。正三がめざしていたのは、いわゆる幕藩体制下における民衆の物心両面にわたる幸せであり、それ以上ではなかったでしょう。しかし、くどいようですが、正三に代表される仏教者の行為が、やがて日本を近代化させる基礎の一部分を構築したことは疑いようがないのです。

## 政治思想から宗教思想へ

かつて、日本の近代化は、江戸時代の武士層にとって必須の教養とされた朱子学と不可分の関係にあったという学説が、丸山真男氏によって主張され、こんにちにいたるまで、いわば通説になってきました。もう少し言葉を添えると、国家公認の学問とされていた朱子学が解体される過程で、荻生徂徠や本居宣長に典型を見る近代的な思惟が生まれたという学説です。

念のために申し上げておけば、朱子学は南宋時代の儒学者、朱熹（一一三〇〜一二〇〇）によってきずきあげられた壮大な学問体系です。日本へは鎌倉時代に、禅僧たちによって輸入されました。その後、鎌倉幕府を打倒した後醍醐天皇などが信奉したものの、室町時代はふるいませんでした。

ところが、江戸時代になると、武家政治の基礎理念として高く評価され、江戸幕府の正学とされました、理由は、人間関係における上下の身分制度は宇宙原理のあらわれとみなす「上下定分の理」、および名称は物の階級的秩序を反映しているので、名称を正すことによって階級的秩序を固定化しなければならないとする「名分論」が、幕藩体制の根幹をなす身分制度を正当化できるためでした。

丸山真男氏の学説については、末木文美士先生が著書の『近代日本と仏教（近代日本の思想・再考）』（トランスビュー）の概要をみずから紹介する文章のなかで、「近代日本の思想は、丸山眞男を筆頭に、政治思想を中心に論じられることが多かった。そこには、政治がよくなれば、幸福になれるという前提があった。しかし、その前提が崩れた今日、政治思想の陰に隠れていた他の動向に目を向けなければならない。とりわけ、個の生き方を正面から問う宗教思想が注目されることになる。……。こうして、近代日本の思想を再考する上で、仏教が大きなキーワードとして浮上する」と述べていることと深くかかわってきます。

くわしいことは、末木先生の著書をお読みいただきたいとおもいますが、「個の生き方を正面から問う宗教思想」が歴史において果たした役割は、けっして軽視できません。そもそも、丸山真男氏が自説の論拠としたマックス・ヴェーバー（一八六四〜一九二〇）の代表作、『プロテスタンティズムの倫理と資本主義の精神』は、そのタイトルにあるとおり、西洋近代の資本主義を発展させた主な原動力は、プロテスタントに属すカルヴァン主義がもとめた宗教倫理から必然的にみちびきだされた世俗内禁欲だったと主張しています。ここでいう「世俗内禁欲」とは、欲望や贅沢や浪費を禁じ、禁欲によってはぐくまれたエネルギーのすべてを、信仰と労働に集中させることを意味しています。もちろん、「世俗内」というのですから、生涯にわたる禁欲をもとめられる聖職者になる必要はありません。妻帯し、子どもをつくって、なおかつまじめに働くほうがずっとふさわしいのです。

ただし、「世俗内禁欲」がじかに資本主義の生みの親になったわけではありません。カルヴァン主義の創唱者だったジャン・カルヴァン（一五〇九〜一五六四）は、きわめて厳格な禁欲主義者であり、いわゆる金儲けには絶対反対の立場でした。これでは資本主義の生みの親になりようがありません。

ところが、ここにひじょうに興味深い転換がおこなわれました。最初から利潤を目的とする行為は、「世俗内禁欲」とは合致しないので、否定されます。そのいっぽうで、「世俗内禁欲」を実践し、まじめに働いた結果として得られた報酬は、肯定されます。まして、良質で安価な物品を生産して提供できれば、多くの人々にとってとてもよいことになるから、隣人愛の実践とみなされます。この状態は、信仰と労働が両立していることになるので、神による救いが得られると考えるのです。

## 因果関係か果因関係か

マックス・ヴェーバーはこういう論旨で、カルヴァン主義が資本主義の生みの親になったと主張しました。じつは、カルヴァン主義にはある前提がありました。それは「予定説」とよばれる神学上の要請でした。この「予定説」の特徴は、いわゆる因果関係をみとめないところにあります。

ご存じのとおり、仏教は「善因善果・悪因悪果」という因果関係を重視します。善いことをすれば、善い結果が得られ、悪いことをすれば、悪い結果になるという考え方です。

ところが、カルヴァン主義では因果関係をみとめないのです。もともと、一神教は世界の創造からはじまって、最後の審判にいたるまで、全部、神が決めるとみなすタイプの宗教です。そういう一神教でも、カルヴァン主義は、かなり原理主義的な性格をもち、神の絶対性を極限までひろげて解釈するので、なにからなにまで神の一存で決められているとみなします。

したがって、人間の努力は意味をもたないのです。死後の救済も同じです。だれが救われて天国に行き、だれが救いからはずされて地獄に行くか、だれにもわからないという立場なのです。これが「予定説」です。すべてのことは、あらかじめ神によって決められていて、その決定はだれにも動かせず、かつ知り得ないという考え方です。

そうなると、じゃあ勝手放題、好きなようにする！という方向に行くかというと、そうとはかぎりません。勝手放題、好きなようにして、死後、天国に行けると考える人はまずいないとおもいます。

神の意志は知りえないとしても、欲望にまみれず、まじめに働いて、社会的な義務や要請にこたえる者を、神が地獄に落とすとはとてもおもえない。おそらく、天国に行けるのではないか。だから、禁欲的にまじめに働こうというのが、カルヴァン主義の真髄でした。ようするに、原因から結果という因果関係を、文字どおり逆転して、結果から原因をみちびきだす、いわば果因関係の立場をとったのです。厳格きわまりない一神教でなければ、絶対に生まれてこない論理です。

「予定説」の起源は、初期キリスト教会の指導者の一人だったアウグスティヌス（三五四〜四三〇）にもとめる説もあるようにかなり古いようですが、けっして主流ではありません。むしろ、少数派にとどまります。ローマ・カトリック教会では、一五四五年にイタリアのトレントで召集されたトリエント公会議で、異端認定され、排斥されました。また、東方教会系でも「予定説」は全面的に拒否されています。たしかに、無理な論理という印象はぬぐいきれません。しかし、この無理な論理が資本主義の生みの親になったというのであれば、その影響力は甚大とみなさざるをえません。

いずれにせよ、マックス・ヴェーバーの見解は、宗教が社会に決定的な影響をあたえたと主張する点で、宗教は上部構造であって、下部構造である経済に規定されるというマルクス主義の理論を、まっこうから批判するものでした。ヴェーバーの考え方とマルクスの考え方のどちらが正しいのか、をめぐっては、『プロテスタンティズムの倫理と資本主義の精神』が出版された直後から、こんにちにいたるまで、侃々諤々の論争がつづいています。

わたし自身は、両者ともに耳を傾けるべきところがあるとおもっています。宗教の歴史を、きれいごとにせず、また毛嫌いもせず、なにであれ正面から見つめる態度をとるならば、宗教が社会の動向に多大の影響をあたえたことも、社会の動向が宗教に多大の影響をあたえたことも、ともにあった事実がわかるはずです。

## テーラワーダ仏教の経済観とカンボジアの悲劇

宗教と経済の話をしたついでに、といっては語弊がありますが、テーラワーダ仏教の経済観について、別の角度から考えてみたいとおもいます。じつは、こういう実話があります。出典はフィリップ・ショート『ポルポト』（訳：山形浩生　白水社）です。

最初の話の舞台は一九五〇年代のカンボジアで、語り手はカンボジアの国家元首の地位にながらくあったロノドム・シハヌーク（一九二二〜二〇一二）です。

カンボジアの農村を、アメリカの援助専門家が訪れました。かれは米の収穫量が倍になるからと、村人に化学肥料を使うように説得しました。シハヌークはこう語ります。「確かに収穫期になると倍の作物が実り、人々は喜んだ。……（だが、翌年に）ふたたび訪れた専門家は、農民たちが農地の半分しか耕していないのを見て愕然とした。『農地の半分を耕せば同じだけ収穫できるんだから、全体を耕す必要はないでしょう』と農民たちは言った」

次の話は、前の話の五〇年後です。砂糖菓子の製造用にパーム糖の安定供給先を探していた一人のクメール人（カンボジア人）実業家がまったく同じ問題に直面したのです。かれが雇った農民たちは、一年暮らせるだけの額を稼ぐと働くのをやめてしまいました。甘言や昇給の約束をもってしても、かれらを仕事にもどらせることはできませんでした。

「かれらの観点からすれば、それが論理的だったのだ」と、実業家は認めています。「家族全体の経費―次の作付け用の種、肥料、衣服、僧侶への献金、子どもの学費―の支払いが済めば、他に金の使い道があるだろうか？　他に欲しいものはない」

こういう事態の背景にあったのは、テーラワーダ仏教が財の獲得と消費をまったく重視してこなかった歴史です。農民たちの態度は、怠惰ということで片付けてしまえるものではなく、見方によれば、カンボジアという国で生きながらえていくために欠かせない智恵ともいえるのです。そして、この態度は、むさぼってはならない、禁欲的であれ、というテーラワーダ仏教の教えとも合致していたのです。その意味では、非の打ちどころはなかったのです。

もし仮に、近代化の荒波がカンボジアを襲わなければ、これはこれで完結した社会であり、そこに暮らす人々はそれなりに幸福を享受しつづけたにちがいありません。しかし、カンボジアは近代化の急襲を受けました。それも、ポル・ポト（一九二八～一九九八）という特異なマルクス主義者にひきいられた、クメール・ルージュとよばれる暴力集団の急襲を受けたのです。その結果、カンボジアの伝統的な社会は壊滅し、人々の精神的な支柱となってきたテーラワーダ仏教もまた壊滅し、一〇〇万とも二〇〇万ともいわれる人々が虐殺されました。

この章の冒頭に、近代化できなかった国や地域は悲惨なことになったと述べました。カンボジアはまさにその最悪の実例になってしまったのです。

見逃せないのは、そういう悲惨な結果をまねいた一因が、テーラワーダ仏教にもあったのではないか、という指摘があることです。その一端は、いまあげた話からもうかがえるとおもいます。くわしくは第3章で論じますので、ここではそういう指摘があるとだけ申し上げておきます。

## 明治維新以降の日本仏教と近代化

話を日本仏教にもどしましょう。日本の近代化をささえた精神は、歴史学では近世とよばれる江戸時代になってから、初めてはぐくまれたのではなく、すでに中世の段階で芽生えはじめていた可能性があることを、指摘しました。では、日本が本格的な近代化に突入した明治維新以降、日本の仏教界はどのような動きをしめしたのでしょうか。

この課題については、拙著の『あなたの知らない「仏教」入門』（春秋社）の第三章「日本仏教の基本の基本」で、そうとうくわしく論じました。ですから、興味のある方はそれを読んでいただきたいのですが、このままですと、尻切れトンボになってしまいそうなので、要点だけを以下に述べておきます。

まず、明治維新以降の段階で、日本の近代化にもっとも大きく寄与したのは、浄土真宗と日蓮宗（法華宗）でした。このうち、浄土真宗については、マックス・ヴェーバーの『プロテスタンティズムの倫理と資本主義の精神』におけるカルヴァン主義にあたるという指摘があります（後藤文利『真宗と資本主義』）。

それに対し、日蓮宗については、あまり言及されません。なぜなら、伝統的なというか、正統なというか、近代化以前から存在した日蓮宗（法華宗）は、現時点における寺院の数が、公称で五五〇〇にとどまり、総計すると二万を超える浄土真宗とは勝負にならないからです。しかし、創価学会、立正佼正会、霊友会、佛所護念会教団、顕正会など、日蓮宗系の新宗教団体をくわえると、事情は一変します。単純計算すると、日本の仏教界の半分くらいは日蓮宗系が占めているのではないでしょうか。

次の課題は、では、なぜ、浄土真宗と日蓮宗が日本の近代化に寄与できたのか、という点です。この点は、この章でもふれたとおり、念仏や題目という、だれでも実践できる、いわゆる易行を提唱し、労働と不可分の関係に位置づけたことがあげられます。

それだけではありません。浄土真宗と日蓮宗というと、どこにも共通点がないようにおもわれがちですが、じつはそうではないのです。たしかに、日蓮は、浄土真宗の祖である親鸞の師にあたる法然を徹底的に批判しました。代表作とされる『立正安国論』の内容は、ほとんど法然批判に終始しています。

しかし、浄土真宗と日蓮宗は、その構造においてよく似ているのです。しかも、キリスト教のプロテスタンティズムとも共通する要素をかかえているのです。この件も詳細は前期の拙著を読んでいただくのがいちばんよいのですが、要点のみ指摘すると、次のようになります。

①阿弥陀如来と久遠実成の本仏としての釈迦如来という、唯一絶対の崇拝対象をもっている。これらの如来はもはや人間ブッダではなく、世界創造をおこなわないことをのぞけば、一神教

が想定する超越的な人格神にかぎりなく近い。
②浄土三部経と法華経という、唯一絶対の聖典をもっていて、聖書のみを標榜するプロテスタンティズムにひじょうに近い。
③念仏と題目という、しごく簡単明瞭でありながら、威力抜群とされる「唯一絶対の呪文、聖なる言葉」を駆使する。
④以上の点から想像されるとおり、浄土真宗も日蓮宗も純粋志向あるいは原理主義的な傾向がきわめて強い。

## 日蓮宗とキリスト教

浄土真宗がキリスト教と、わけてもプロテスタンティズムとよく似ているという指摘はすでにいろいろあります。それに比べれば、日蓮宗とキリスト教との共通性は、これまでほとんど言及されてきませんでした。

しかし、こういう事実があるのです。無教会主義のキリスト教信仰で知られた内村鑑三は、その著書『代表的日本人』において、日蓮を宗教者として唯一、選んで顕彰しています。理由の一つは、日蓮こそ、日本史上最大の宗教改革者だったからだと、内村はいいます。日蓮をマルチン・ルターにたとえているのです。さらに、日蓮が涅槃経の「依法不依人」の言葉にもとづき、法華経という経典のみを根拠にして、ブッダの教えを理解すべきだと主張したことを指摘したうえで、この態度はマルチン・ルターの聖書のみを介して神と向かい合うという態度と共通すると述べ、ゆえに日蓮はすばらしいと結論づけています。

じつは、日蓮宗がキリスト教とよく似ているという認識は、なにも内村鑑三から始まったわけではないようです。江戸時代がはじまったばかりの一六〇二年、それまでキリシタン大名だった大村喜前（一五六九～一六一六）は、幕府の宗教統制策により仏教への改宗をよぎなくされたとき、日蓮宗をえらびました。その背景には、熱烈な日蓮宗徒だった加藤清正のすすめもありましたが、それよりなにより大村喜前が、キリスト教にいちばんよく似ている仏教宗派は日蓮宗と考えたゆえだった、と大村氏の菩提寺、本経寺に伝承されているのです。

さらに興味深い事実があります。現代における親鸞思想研究の巨匠中の巨匠、安田理深（一九〇〇～八二）先生が最晩年におこなった「唯識論講義」のなかに、こういうことが述べられています。「私の考えでは、親鸞の教えはキリスト教とは似ていない。キリスト教に似ているのは日蓮の教えでしょう。日蓮の教えがキリスト教的なのであって、親鸞の教えではないと思います。……イスラム教にも似ています」（『唯識論講義』上　二三ページ）。あるいは、こうも述べています。「キリスト教でもイスラムでも排他性的特色があります。日蓮宗は日本に生まれた一神教です」（同　二四四ページ）。

以上に述べてきた共通の傾向、つまりキリスト教につうじる傾向こそ、日本が近代化する過程で、他の仏教宗派がおおむね衰退したのとは対照的に、浄土真宗と日蓮宗が社会に影響力を行使できた理由だったのです。

## ポスト近代化

まだ論じていない領域が残っています。それは今後の日本仏教の動向です。いいかえれば、ポスト近代化における日本仏教のありようです。

直前の項で指摘したとおり、どうやら近代化に順応できたのは浄土真宗と日蓮宗でした。ただし、二一世紀を迎えた今、この状況がつづくとはおもえません。現に、日蓮宗の場合、もっとも時代に即した対応をとれたのは、創価学会をはじめとする新宗教系の団体であって、日蓮宗の伝統派が近代化にうまく寄り添えたとはいえません。浄土真宗も、正直いって、現状では行き詰まっているように見えます。

未来を見通すのは無理難題の極みですが、あえてわたしの見解を述べさせていただくなら、これからは、近代化にうまく順応できなかったタイプの仏教、たとえば、いわゆる旧仏教系の真言宗や天台宗、あるいは自然を悟りの場とみなす修験道が、復活するような気がします。なぜなら、近代化のマイナス面を是正できるすべを秘めている可能性が多分にあるからです。

# 第2章

# 内面化の功罪と日本仏教

## 本章の概要

個人の精神的な救済を論じるにあたっては、宗教における内面化を主たるテーマに選びました。なぜなら、宗教が近代化された社会において機能するためには、内面化は必然だからです。ただし、内面化は、いわば両刃の刀的な性格があります。内面化がなされなければ、宗教の近代化は不可能であるとともに、内面化がいきすぎても、宗教が本来もっていた力は失われてしまうからです。

宗教が内面化の果てに、思想や哲学と化してしまうことに、わたしは一貫して反対してきました。ところが、現代の日本には、思想や哲学のほうが宗教よりも高尚だと思い込んでいる方が、少なからずいます。なかには、わたしの仏教にまつわる講演を聞いたあとで、わざわざ「ブッダは、宗教ではなくて、哲学をといたんですよね」と、念を押しに来る方さえいます。

わたしが宗教の思想化や哲学化に反対してきた理由は、宗教に思想や哲学のたぐいする領域や部門が存在することは確かですが、それらはあくまで宗教の一部にすぎないからです。いいかえれば、思想や哲学はしょせん、言葉の世界です。

しかし、他の宗教はいざ知らず、こと仏教にとって、言葉は二義的な意味しかありません。なぜなら、ブッダは最高真理は言葉では伝えられないと述べているからです。さらに、儀礼やシンボルの操作でなければ、伝えられないなにかが確実にあるからです。

また、仏教が、開祖のブッダ以来、行の宗教、すなわち修行抜きでは成り立たない宗教であったという歴史的な事実を思いおこす必要があります。この点は、キリスト教やイスラム教のようなセム系一神教が、神の指示どおりに生きることが宗教生活のすべてであり、原則として、修行を禁止してきた歴史的な事実と、まったく対照的です。

この件に関連して、指摘しておきたいことがあります。いま、「神の指示」と述べました。ここでいう「神の指示」は、具体的な事例をあげるなら、「モーセの十戒」が典型例です。「戒」というと、わたしたちはどうしても仏教の「戒」を連想してしまいます。そして、「モーセの十戒」もその延長線上で理解しがちです。

しかし、仏教の「戒」と「モーセの十戒」とはまるでちがっていて、その方向性からすれば、まったく逆なのです。

どういうことかというと、仏教の「戒」は、もともと「自発的な誓い」を意味していました。定められるにあたっても、教団のなかでなにか問題が生じたとき、ブッダが弟子たちを集め、かくかくしかじかの問題が生じたのだが、再発を防ぐにはどうしたらよいだろうか、と相談し、侃々諤々のあげく、みんなで決めたのであって、ブッダが一方的に、ああせい、こうせい、と強制したのではありません。このいきさつから想像できるように、状況しだいで変更もできるものでした。

ところが、「モーセの十戒」は、シナイ山上において、唯一絶対の神がユダヤ民族の指導者たるモーセに、文字どおりくだしおかされたものでした。そこには、被造物である人間の知恵など、創造者である全知全能の神から見れば低級かつ不完全なものであって、どうすればよいのか皆目わからないのだから、神がわざわざ授けてやったのだ、という論理が働いています。もちろん、強制的なものです。なにしろ、神が定めたのですから、変更は未来永劫にわたって不可能です。その意味では、「戒」と翻訳されていますが、実際には「掟」といったほうが正しいとおもいます。

同じ発想は、イスラム教にも見られます。まずまちがいなく、セム系一神教に共通する性格とみなしてかまいません。ようするに、セム系一神教における信仰生活とは、神から授けられた「掟」どおりに生きることにほかならないのです。

イスラム教では、神と人間の関係はよく主人と奴隷の関係にたとえられます。キリスト教でもプロテスタントの指導者たちは同じ発想でした。たとえば、ジャン・カルヴァンが「人間は、今や、自由意志を奪われ、悲惨な奴隷の状態に置かれている」(『キリスト教綱要』第二編第二章)と述べています。マルチン・ルターもほぼ同じ意見でした。この件に関しては、意外かもしれませんが、カトリック教会のほうがゆるく、自由意志をある程度までみとめていました。

## 内面化とは何か

この章のテーマは内面化ですから、まずは内面化とは何か、を定義しておかなければ、話がすすめられません。

ところが、これがなかなか厄介なのです。仏教学や宗教学の事典をしらべても、内面化という項目は見当たりません。哲学の事典でも同じです。そこで、ウィキペディアを見ると、こう書かれています。なお、カテゴリーは社会学・心理学・人格とされています。

内面化とは、その社会が有する価値と規範を、自分の価値と規範として、受け入れることを指す。内面化により、集団は円滑に集団目標を遂行できるようになり、個人は円滑に集団から受容されるようになる。安定した精神構造をもたらすメカニズムであり、これが働くことで人間関係における精神状態を形成することがある。

内面化により、賠償金や刑罰などの手段で、規範を外部から個人に強制する必要はなくなる。違反行為は、個人が道徳により内面で裁くからである。また、ある価値と規範を受容した個人は、それを受容しない個人に嫌悪・憎悪などの感情を抱き、内面化を他者にも強制するようになる。

この説明は、宗教のカテゴリーでされてはいないこともあって、この章でわたしがすすめようとしているテーマとは、ぴったり合いません。かろうじて使えるとすれば、「内面化により、賠償金や刑罰などの手段で、規範を外部から個人に強制する必要はなくなる。違反行為は、個人が道徳により内面で裁くからである」くらいでしょうか。

この説明からわかるように、内面化は「個人」と深くかかわっています。逆にいえば、集団とは縁が薄くなります。

また、内面化は、その言葉どおり、個人の内面の問題ですから、外面とも縁が薄くなります。宗教における外面は、多くの場合、儀礼行動として表現されます。呪術もそうでしょうし、加持とか祈祷なども、そのたぐいです。したがって、内面化は儀礼行動とは対極に位置することになります。

というぐあいに、少しずつ考えていくと、宗教における内面化とは、あくまで個人の領域で生じる事態ということになります。集団とはかかわりが薄く、儀礼行動とは対極にあります。あくまで個人の精神面における向上に資するものですから、いわゆる現世利益に対しては否定的に対応するはずです。

内面化にともなって、聖典の解釈も変わってきます。たとえ、そこに書かれている話が集団を対象としたものであっても、それを個人の内面で起こる精神的なできごとと解釈します。そのまま素直に読めば、現世利益と解釈できるところも、精神的な至福の享受と解釈します。つまり、聖典を字義どおりに解釈するのではなく、書かれていることはすべて、個人の内面にまつわる精神的な事象のあらわれとうけとるのです。この点では、聖典の字義どおりの解釈を強調しがちな原理主義とは、あきらかに異なります。

かくして、宗教における内面化とは、つまるところ、宗教をもっぱら個人の心もしくは精神の領域に限定することになります。その格好の実例が、ＮＨＫの超長寿番組として知られる『こころの時代』で、わたし自身も出演した経験があります。

ちなみに、『こころの時代』という番組は、ＮＨＫ教育テレビでは一九八二年四月から、ＮＨＫラジオ第一放送では一九九〇年四月から、おのおの放送開始されましたが、前身があったのをご存じでしょうか。それは、一九六二年から一九八二年にかけて放送された『宗教の時間』という番組でした。

とても、興味深いのは、タイトルが「宗教」から「こころ」へと変更されている事実です。この事実は、現代日本人の宗教観を如実にあらわしています。すなわち、宗教をもっぱら心もしくは精神の領域に限定するというより、わたしにいわせれば、閉じ込めてしまったのです。そこには、宗教は個人の内面の課題なのだから、個人の内面に安住していればよいのであって、個人の内面から外にしゃしゃり出て、動きまわるな！という意志が見え隠れしています。

この章をはじめるにあたり、わたしは内面化は必然であると同時に、両刃の刀的な性格があって、いきすぎれば、宗教が本来もっていた力は失われてしまうと述べました。この視点から、以下、さまざまな例証にふれながら、宗教における内面化の功罪を問うていきたいとおもいます。

## 知的なギャップが生む尊崇の念

第1章で、「福田」は、テーラワーダ仏教にかぎらず、チベット仏教でも見られるとともに、出家僧と在家信者の知的なレベルが大きいところでないと成り立たない傾向があると指摘しました。

チベット仏教の例をあげましょう。ダライ・ラマが最高の「活仏」として、文字どおり生ける仏として尊崇されていることは、ご存じの方も多いとおもいますが、ダライ・ラマでなくても、在家信者が高位の出家僧に対する尊崇の念は日本人の想像を絶します。

たとえば、チベット三大寺院の一つに数えられるセラ寺の最高長老を、チベット人の友人とともにその住坊にたずねたときのことです。最高長老はチャンバイ・ワンジェーといい、セラ寺の法要を統括する役職をになっておられました。師とわたしとは、長年にわたるお付き合いがあり、師はわたしを息子のように可愛がってくださいました。友人はツェデン・ナムギャルといい、現代チベット仏画の最高峰という評価を得ている画家でした。

チャンバイ・ワンジェー師の住坊に入るやいなや、ツェデン・ナムギャルさんは全身を地や床に投げ出して敬礼する五体投地をくりかえしました。それが終わると、部屋の隅にたたずみました。まるで、身の置きどころがない、という感じです。お目にかかるだけでも恐縮の極みらしいのです。むろん、先に口を開くことなど、とうてい考えられません。師から問われて、ようようお答えするのが精一杯でした。

なぜ、わざわざこんな話をしたのかというと、これくらい出家僧に対する尊崇の念がないと、「福田」は成り立たないからです。出家僧と在家信者のあいだに、けっして埋められない大きな溝、あるいはけっして超えられない高い壁が必要なのです。もし、両者をへだてている溝や壁が簡単に埋められたり超えられたりするなら、在家信者は出家僧に対する尊崇の念を失うでしょう。

ようするに、出家僧には、在家信者とは比べものにならないくらい、高潔な人格や深く広い知識がもとめられるのです。テーラワーダ仏教が、俗人では絶対に守れないような厳しい戒律を羅列せざるをえないのも、チベット仏教の正統派を自任するゲルク派が、世界の宗教のなかでもっとも厳しい戒律を順守せざるをえないのも、その原点をつきつめていけば、ひとえにこの点にゆらいします。

見方を変えれば、在家信者が人格的にも知的にも高い次元になってもらっては、出家僧のほうが困るということになります。在家信者が出家僧とのあいだにあるギャップの大きさを見て、そのギャップは自分たちではとうてい埋められない、超えられないと認識してもらうことが、欠かせない条件なのです。そして、だから出家僧は偉いとおもってもらい、ひたすら尊崇するにあたいすると考えてもらわなければ、「福田」は成り立たず、出家僧は生きてはいけないのです。

このように、「福田」は出家僧から見れば、まことに便利な論理ですが、在家信者から見れば、かなり問題を含んでいます。

この問題は、じつは仏教にかぎりません。キリスト教でもイスラム教でも、宗教のプロフェッショナルとアマチュアのあいだには、おおむねよく似た構造がありました。まさに「信じる者は救われる」のであって、疑問を差しはさむことは厳禁だったのです。

ただし、キリスト教の場合は、マルチン・ルター（一四八三〜一五四六）が宗教改革を断行し、その一環として、それまでラテン語で表記され、教会の関係者かごく一部の知識人しか読めなかった聖書を、ドイツ語に翻訳したことで、状況が大きく変わっていきました。もっとも、当時は識字率、つまり字を読める人々の割合はいちじるしく低く、ドイツ語に翻訳されたからといって、一般の人々がすぐに読めたわけではありません。

そうはいっても、いわば特権階級の言葉だったラテン語から、日常的につかわれている母国語に翻訳された意味は絶大でした。さらに、ドイツ語訳に刺激を受けて、英語訳が出版されたのをはじめ、つぎつぎに各国語に翻訳され、ついにはカトリック教会も各国語への翻訳を容認したのです。かくして、聖書は宗教のプロフェッショナルでなくても、読めることになったのです。

この効果はヨーロッパが、他の地域に先んじて近代化に成功したことと、深いかかわりがあります。

## 知を恐れる者たち

その点、イスラム教は、いまでも、厳密な意味では、コーランの翻訳をゆるしていません。もちろん、日本語に訳されたコーランは複数あって、わたしたちも読めますが、翻訳は、イスラム教の教義では注釈書のあつかいで、真正のものとはみとめられていません。

したがって、コーランを真に理解するためには、専門の学院に入学して、まずは、修得するのが難しいので有名なアラビア語をならい、それからコーランの学習にすすむ必要があります。

結果的に、いまもなおコーランを読める人の数はごくかぎられています。

原理主義者のなかに、コーランをめちゃくちゃに解釈して、とんでもない行為に出てしまう者が跡を絶たない原因は、コーランをちゃんと読めないから、という説もあります。そう、コーランに書いてあるからとおしつけられ、「ほんとかな?」と疑問をいだいたとしても、典拠とされるコーランを読めないので確かめるすべがないのです。

そういえば、こういう事例もあります。アフリカの赤道地帯を中心に、女子割礼と称して、女性が性的な快楽を得るのはけしからん、とか、割礼していない女性は不浄だという理由から、女性器をまだ子どものうちに切除してしまう因習があるのです。その数は、世界保健機関(WHO)の調査によれば、アフリカ大陸の二八カ国で、毎年、二〇〇万人もの女性が犠牲になっているといいます。驚くべきことに、その際につかわれる根拠が、コーランにそう書いてあるから、なのです(ワリス・ディリー『砂漠の女ディリー』草思社)。もちろん、コーランのどこにも、そんなことは書いてありません。コーランが読めないから、起こっている最悪の事例の一つです。

もともと、イスラム圏の識字率は、他の宗教圏に比べると軒並みに低いのが実状です。たとえば、イスラム神学生が組織するタリバーンと政府との抗争が、いつまでたっても終わらないアフガニスタンの場合、一五歳以上の識字率は三四パーセントで、男性五〇パーセント、女性一八パーセントという低さです。人口の七四パーセントが住む地方部においては、男性の約六三パーセント、女性では約九〇パーセントが読み書きできません（独立行政法人 国際協力機構「識字教育強化プロジェクト」フェーズ2）。アフリカでも事情は似たようなものです。こういう識字率の低さは、コーランをごく一部の者が独占してきたことと、まったく無関係とはおもえません。

パキスタンで、女性教育の向上を訴えたマララ・ユスフザイさんが、パキスタン・ターリバーン運動（TTP）の銃撃を受けて、あわや生命を失う危機に遭遇するという事件が起こりました。その背景には、女性はもとより一般の人々が教育を受けて、自分たち自身の力でイスラム教のなんたるかを理解しようとする姿勢に、パキスタン・ターリバーン運動が危機感をいだいたことがあるとおもいます。

同じことは、西アフリカで、ISに忠誠を誓い、自分たちに従わない者を大量に虐殺し、女性たちを拉致して、自爆テロを強制するなど、暴虐の限りを尽くしている原理主義組織のボコ・ハラムにもいえます。組織の名前がボコ・ハラム、すなわち「西欧の教育は罪」を意味している事実は、まことに象徴的です。かれらは西欧教育を否定していますが、否定の対象はおそらく西欧の教育だけではないでしょう。ボコ・ハラムはすべての教育を否定しようとしているとしかおもえません。どのような教育であれ、教育によって一般の人々の知的なレベルが向上することを恐れているのです。

## 日本の仏教界にも知を嫌う傾向が

一般の人々の知的なレベルが向上するのを恐れる傾向は、なにもイスラム教にかぎりません。宗教界はどこも、その傾向があります。仏教も、そうです。

この点は、それぞれの国や地域が伝統的にもちいてきた仏典が、いったい何語で表記されているかを見れば、一目瞭然です。仏典はパーリ語もしくはサンスクリット（梵語）で表記されていますから、自分たちの母国語に翻訳する必要があります。仏教は、イスラム教とちがって、翻訳は不可という規定はないので、自由に翻訳できます。

範囲を大乗仏教圏にしぼると、中国仏教は中国語で表記された仏典をもちいます。チベット仏教はチベット語で表記された仏典をもちいます。ところが、日本仏教は、日本語ではなく中国語で表記された仏典をもちいてきました。いわゆる漢文経典です。明治以降になると、パーリ語やサンスクリットから直接、日本語に翻訳されるようになりましたが、いまでもお寺で日常的に読誦されているのは、ほとんど漢文経典です。

日本仏教は中国仏教の圧倒的な影響下に成立したという歴史的ないきさつ、および仏教の生まれ故郷のインドから遠く離れていて、インドで仏教を学ぶことができた僧侶は明治時代まで誰もいなかったことなどが、漢文経典をもちいざるをえなかった原因です。

とはいっても、漢文から、わかりやすい日本語に翻訳することはできたはずですが、そういうことはずっと誰もしませんでした。古代や中世に生まれついた日本の知識階層は、いろいろ工夫を重ねて、漢文を日本語として読みくだす技術を身につけたので、それで十分だったのかもしれません。しかし、一般の人々ではまったく無理です。

ここまで書いてきて、こんな話を思い出しました。法律を専門とする大学教授と雑談していたときのことです。わたしがその教授に、「日本の法律の文章は、なぜ、あんなにわかりにくいのですか？」と尋ねたところ、こういう返事が返ってきたのです。「わかりやすい文章にしたら、われわれの仕事がなくなるからね」。そうのたもうた教授の顔は、冗談を言っているようには見えませんでした。いま考えても、けっこう本音だったとおもいます。

仏教界にも、この大学教授とよく似た考え方の人が、少なからずいたのではないか。そう、おもわれてならないのです。封建時代の支配者がつかった「民をして知らしむべからず」という論理は、必ずしも封建時代の支配者だけの専売特許ではなかったのです。

## 知的な仏教理解の功罪

私事にわたり恐縮ですが、わたしは早稲田大学のオープンカレッジや都内のお寺をはじめ、複数箇所で、一般社会人向けの仏教講座をひらいています。おかげさまで近年は大盛況で、なかには受講希望者が定員を上回ってしまい、順番待ちというところさえあります。

受講生の方々に、なぜ、わたしの講座においでになるのか、と尋ねると、おおむね二つの答えが返ってきます。一つは、いま世界中で宗教が、良くも悪くも、大きな役割を演じているが、これまで宗教をまじめに学ぶ機会がなかった。そこで、とりあえずとっかかりとして、宗教のなかではいちばん身近そうな仏教を学びたいとおもって来ました、というものです。

もう一つは、死後世界や霊魂について、なにも知らないし、なにも考えてこなかった。そうおもうと、なにやら不安で、仏教の勉強に来ました、というものです。こちらは、受講生の年齢がわりあい高く、いわゆる団塊の世代の方がけっこう多い点ともかかわっているようです。

いずれにしても、知的な理解がもとめられているのです。

わたしのほかにも、仏教にまつわる講座をひらいている方は多々あります。どこも順調なようです。仏教を知的に理解したいとねがう受講生がつめかけているのです。

日本人は、この種の講座が、日本以外の国や地域でもひらかれているとおもいがちですが、そうではありません。たしかに、お寺のお坊さんが在家信者たちにブッダの教えに沿った生き方を説くことは、テーラワーダ仏教圏でもチベット仏教圏でも、あります。しかし、日本の講座でおこなわれているように、聖典そのものを読み解くとか、仏教を歴史的な見地から考察する、他の宗教と比較検討するといったかたちの、いわば客観性をもつ講座が皆無に近いのです。

すなわち、それが良いか悪いかは別として、仏教を知的に理解しようという態度は、日本でしか見られないのです。日本以外の仏教圏でおこなわれているのは、もっぱら信仰としての仏教です。そこでは、仏教は絶対の善であり、ただいちずに信じることがもとめられています。逆にいえば、現代日本における仏教は、仮に最終的な目的が確固たる信仰の獲得としても、そこにいたるプロセスとしては知的な領域が先行しているのです。そもそも、確固たる信仰の獲得を最終的な目的としているかどうか、も疑問です。

現代の日本では、対象が何であれ、それを無条件でうけいれるという態度は好まれない傾向があります。懐疑や批判が必ずともないます。また、科学で証明されないかぎり、真実ではないと思い込む傾向が顕著です。こういう傾向は、全面的な帰依や受容をもとめる信仰とはうまく折り合えません。

その功罪や是非をあげつらっても、あまり意味はありません。まずはこのような現実を受けとめなければ、どうしようもないということです。

日本では今後も、このように、知的な領域から仏教に迫ろうとする動向は、増えこそすれ、減ることはあまり考えられません。とすれば、まずは知的な領域からの関心に、わたしたちはこたえていくしかありません。ようするに、知的な満足感を提供することが先決なのであって、それにこたえられないなら、仏教の未来はひじょうに暗いものになるに決まっています。

望みは、さきほども指摘したように、死後世界や霊魂について、なにも知らないし、なにも考えてこなかったので、なにやら不安で……という方々が、少なからずいるという事実です。わたし自身は、捨てたものではない、とけっこう楽観しています。

## 瞑想修行の待望

トレンドというか、ブームというか、仏教界にも流行廃れがあります。ここ二〇～三〇年を振り返ってみると、チベット仏教に高い関心が寄せられた時期がありました。昨今は、テーラワーダ仏教に関心を寄せるひとが少なからずいるようです。

ここで考えてみなければならないのは、なぜ、チベット仏教やテーラワーダ仏教に関心が寄せられるのか、です。その理由は、主として瞑想法にあるとわたしは考えています。

チベット仏教の場合は、その指導者として世界的に有名なダライ・ラマ一四世の教えやお人柄に魅せられて、というケースもあるでしょうが、それだけで説明しきれません。テーラワーダ仏教の場合は、ダライ・ラマみたいに超がつくほど有名な指導者はいませんが、現時点では、チベット仏教をしのぐ高い関心が寄せられているように見えます。

瞑想法に対する関心は、知的な領域から仏教に迫るという方向性に比べれば、少数派にとどまるかもしれません。しかし、熱心さにおいては、ずっと上でしょう。

たしかに、チベット仏教やテーラワーダ仏教には、日本仏教には見出しがたい高度の瞑想法があります。わたし自身も、師のツルティム・ケサン先生と、チベット仏教でも最高の瞑想法とされる「秘密集会聖者流」の瞑想法を、チベット原典から現代日本語に翻訳し、解説をくわえて出版した経験があります。そのレベルの高さと、マニュアルのよくできている点において、日本仏教は遠くおよびません。この点は、テーラワーダ仏教についても、同じことがいえます。

レベルの高低はさておくとしても、日本仏教の瞑想法は、マニュアルの出来がよくありません。というより、マニュアルの作成に不熱心でした。もしくは、マニュアルを作成することじたいを拒否してきたのかもしれません。それはそれで一理あって、非難するにはあたりませんが、アマチュアが瞑想にとりくもうとするときは、大きなハンディキャップになります。やはり「ただ黙って、坐れ！」では、とりつく島がないのです。

日本で、いわゆる仏教離れが生じた原因の一つは、このあたりにもあるとおもいます。現代の日本では、これまで一部の僧侶だけが実践してきた本格的な修行法を、自分も実践してみたいと願っているアマチュアが少なくないのです。

このあたりの事情に関してわりあいゆるめの修験道では、体験修行を募集すると、かなりの人数が集まります。体験修行をきっかけに本格的な修行にいそしむケースもあります。もともと修験道では、開祖の役行者が、一名を役優婆塞、すなわち在家信者の役さんとよばれてきたとおり、在家のままでもよいという伝統があるので、そうとうに本格的な修行をつんできた在家の方がけっこういます。

禅宗は、坐禅というくらいで、瞑想を修行の主体とする宗派ですが、アマチュアが参加できる坐禅は、一泊二日からせいぜい二泊三日がいいところで、それ以上の期間はゆるされません。しかし、一泊二日からせいぜい二泊三日では、まさに体験修行以上のものではなく、物足りないのが実状です。でも、どの禅宗系寺院でも、それ以上の修行をしたいのなら、出家しなさいという話になってしまいます。

マニュアルはないわ、修行の期間はごく限られるわでは、せっかく仏教を、心身両面から、しっかり学ぼうとしているアマチュアの意志を失わせるばかりです。

ということで、かつての一時期はチベット仏教が、昨今はテーラワーダ仏教が、仏教に強い関心をいだく人々にとって、格好の受け皿になっているというわけです。

## 瞑想オタク

もっとも、仏教の修行が、ブッダ以来、瞑想を主体としてきたからといって、瞑想だけに集中されても困ります。少なくとも二一世紀の日本では困ります。

なぜなら、この本でしつこいくらい主張してきたように、二一世紀の宗教は、個人の精神的な救済と社会的な規範を両立させる必要があるからです。この課題は、瞑想だけではとうてい果たせません。百歩譲って、チベット仏教やテーラワーダ仏教では許されても、二一世紀版の日本仏教では許されません。

こんなことをいわなければならないのは、瞑想ばかりに集中した結果、とんでもない惨劇をまねいてしまった経験があるからにほかなりません。オウム真理教の事件です。わたしは、いわゆるオウム裁判にながらくかかわり、元信者の社会復帰にもかかわってきました。さらにいえば、わたしとツルティム・ケサン先生が翻訳したチベット仏教の本が、オウム真理教で、瞑想修行のマニュアルとして、使われていたという事実もあります。

現役信者と元信者を問わず、オウム真理教の信者たちとつきあってきた経験からすると、かれらの多くは、わたしにいわせれば、「瞑想オタク」でした。まさに瞑想こそ命であり、生きがいであり、つねに瞑想していないと落ち着かないとか、居ても立ってもいられないというひとすらいました。

その反面、仏教のイロハすら知らないひとも、少なからずいました。とにかく、瞑想、瞑想、瞑想なのです。たしかに、瞑想をしていると、よい気持ちになれます。嫌なことを全部、忘れられるかもしれません。自分がとても偉くなった気分もします。瞑想しないひとのことを、真理とは縁遠い、くだらない奴とばかりに、見下したくもなります。

たしかに、瞑想は内面化の実践手段としてもっとも有力なものの一つです。ブッダが弟子たちに、もっぱら瞑想修行に専念するよう指導したことも、たしかです。しかし、瞑想ばかりしていてよいか、というと、そうとはとてもいえません。

瞑想は、ブッダが見出した最高真理を把握するために、いとなまれる修行です。つまり、最高真理が目的であり、瞑想はその目的を成就するための手段です。ところが、ともすると、目的と手段の関係が逆転してしまい、手段が目的と化する傾向がないとはいえません。

また、瞑想はつづけていくと、快感を生じる傾向もあります。そのことじたいは、別に問題ではありませんが、ここでもまた目的と手段の関係にあやまりが生じ、快感を求めて瞑想をおこなうひとがないではありません。

この種の快感は、ランニング・ハイにも通じるところがあります。その結果、さきほど述べたように、つねに瞑想していないと、落ち着かないとか、居ても立ってもいられないひとを生み出す原因にもなりかねません。

## 瞑想の罠にはまる

さらに「病状」がすすむと、禅でいう「禅病」にかかる危険性も出てきます。「禅病」は江戸時代を代表する禅僧であり、いまもなお禅の世界に絶大な影響力をのこす白隠慧鶴（一六八六～一七六九）も罹患して、ひじょうに苦しんでいます。

禅病の正体については諸説あります。精神障害であることは確かですが、その内実はさまざまなことがいわれています。強迫神経症という説もあれば、うつ病という説もあります。統合失調症（精神分裂病）という説もあります。なかには、これらが全部、同時に発症したとみなす見解もあるくらいです。いずれにせよ、禅の厳しい修行が心身に尋常ならざる緊張状態を長期間にわたってもたらした結果、発症した点は疑いようがありません。

かつて重篤な「禅病」にかかった経験をもつ方から、話を聞いたことがあります。その方は、その名を言えば、だれでも知っている有名寺院の住職をながらくつとめ、人格も識見もまことに立派な方で、たいそうご長命でもありました。その方いわく、禅病とは以下のような症状を呈するそうです。

まず、禅病は二〇歳代で発症することが多いといいます。この方からお聞きした言葉をそのまま引用させていただけば、その症状は「絶え間なくつづく、ひりつくような焦燥感」や「深い縦穴の底に落ちたまま、どうあがいても上に登っていけない感覚」であり、「深鍋のなかで煎られているような、我が身が焦げつくような感覚」だったそうです。

さらに恐ろしいのは、一度治ったとおもっても、何度でもぶり返すことです。ようやく治って、実家の寺に帰り、ちょうど梅の季節だったので、寺の裏にある梅林を歩いていて、ほんとうによい気持ちになっていたところ、突如としてぶり返し、極楽にいるような気分が、一瞬にして、あたかも地獄に堕ちたがごとく、一転したといいます。話を聞くかぎり、その突発ぶりは、幻覚剤中毒の患者が体験するフラッシュバックとそっくりのようです。ちなみに、この方の場合は、禅病を克服するのに一〇年かかったそうです。

さきほど述べたとおり、瞑想はあくまで手段です。ブッダの教えを正しく学んだうえで、はじめて瞑想を実践すべきです。しかし、手段と目的をとりちがえるひとは、古今東西、絶えません。チベット仏教でも、仏の教えを聞かないで、ただ瞑想だけに専念することは厳しくいさめられています。

たとえば、チベット人にとっての金科玉条として、語り伝えられてきた格言詩集の『サキャ・レクシェー（サキャ格言）』に、その実例が見られます。この詩集は、チベット仏教の四大宗派の一つ、サキャ派の総帥として、またチベット仏教の三大偉人の一人として、宗派を超えてあがめられてきたサキャ・パンディタ（一一八二～一二五一）が編纂したものです。そのなかに、こんな詩があるのです。

瞑想には知性が必要ないと
知ったかぶりの愚者がいう

知性で学ばずに瞑想だけを
行う修行を畜生の法という

当時のチベットにも、仏教を鵜呑みにしたというか、生かじりしたというか、とにかく仏教の何たるかを知ろうともせずに、ただやみくもに修行にはしりがちな者たちがいたのです。かれらはひたすら修行、というよりも体練にはげみ、やれ青い光が見えたとか、やれ空中に浮揚したとか、そんな体験ばかり追求して、それで悟ったと自慢していたらしいのです。仏教の修行でいちばん大切な瞑想も、その例に漏れなかったようで、知性などそっちのけで、ただただ呼吸の制御や姿勢にばかり、熱心なやからも多かったといいます。しかし、それは、サキャ・パンディタにいわせれば、愚者の見解であり、「畜生の法」だというわけです。
サキャ・パンディタは、こういう詩ものこしています。

正法を聞かずに修行に励んでも
一時はよくてもすぐ元の黙阿弥
金でも銀でもよく溶けていても
火から離れるとすぐに硬くなる

この詩句は、体験至上主義に対する痛烈な批判です。ブッダの教えを学ぶことなく、やみくもに修行にはげんで、「よし、悟った！」とおもっても、それは大概、一瞬の気の迷いにすぎません。時間がたてば、またもとの状態に逆戻りするだけなのです。こういう事態を、禅宗では「野狐禅」といって、峻別してきました。

## 思想化・哲学化への道

話をもう一度、知的な領域から仏教に迫ろうとする動向、あるいは仏教の知的な探求という動向にもどします。なぜなら、あやまったかたちの瞑想がもたらす弊害よりも、この種の動向のほうが、ずっと大きな弊害を生み出してきたからです。

すでに述べたとおり、わたしもこういう方向性をあたまから否定する気はありません。しかし、いきすぎては困ります。この章の冒頭に、宗教が内面化の果てに、思想や哲学と化してしまうことに、わたしは一貫して反対してきたと述べました。また、その理由も述べました。要約すれば、ブッダは最高真理は言葉では伝えられないと見抜いたからです。つまり、仏教は究極のところでは、言葉を信頼していません。

この点は、神から授かった言葉に絶対的な信頼を置く一神教とは根本的に異なります。同じインド生まれの宗教でも、バラモン教やその後継者にあたるヒンドゥー教が、ヴェーダやウパニシャッドなどの聖典を、天啓聖典として絶対視するのとも一線を画しています。

ところが、近代化の過程で、仏教を思想化し哲学化しようという人々があらわれました。とりわけ、仏教を専門的に研究する人々のなかに、その傾向が顕著にあらわれたのです。

ここで思いおこしていただきたいのは、明治時代の仏教が、廃仏毀釈という未曾有の危機に遭遇した歴史的事実です。日本という国は、江戸時代の初期にキリシタンの弾圧が見られた件をのぞけば、宗教弾圧はほとんどおこなわれませんでした。こういうと、織田信長は本願寺に主導された一向一揆に対して苛烈な対応をとったではないか、と反論されるかもしれません。しかし、信長は浄土真宗そのものを壊滅させようとしたのではありません。戦国大名をしのぐ実力をもっていた本願寺＝一向一揆が、天下統一をめざす信長にとって最大級の障害だったので、徹底的に戦わざるをえなかったのです。

そう考えると、明治初年における廃仏毀釈は、日本史上、唯一の宗教弾圧だったといえます。さいわいにも、廃仏毀釈は諸般の事情から短期間で終息し、仏教界は壊滅的な打撃をこうむらずに済みましたが、かつてなかった危機意識を仏教界にもたらしました。この危機意識が日本仏教の近代化を加速したことは疑えません。

日本仏教の近代化は、仏教にかかわるさまざまな領域でこころみられました。宗派間の統合や再編成、教団組織の改革などが、その典型例です。いまあるかたちの、強い結束力をもつ「宗派」が誕生したのは、近代化によるところが大きく、廃仏毀釈以前の、なにかにつけて「ゆるかった」時代とは様相が一変しました。

また、開国したことで、欧米から、キリスト教はもとより、いろいろな思想や哲学が、どっと流入してきました。科学的な思考と技術も凄まじいばかりの勢いで流入してきました。仏教界はこれらと向き合わざるをえなくなったのです。

さらに、欧米から「仏教学」が導入されました。仏教を、信仰という視点からではなく、科学的な思考方法にもとづいて客観的に研究する学問です。この方向性は、仏教界を大きくゆるがせました。なぜなら、それまでは、あらゆる経典はたとえ内容が違っていても、歴史上のブッダが、状況に応じて説いたものであり、すべて「仏説」ということになっていたからです。

歴史的に後発の大乗仏典は、真の仏説ではないという考え方は、たとえば富永仲基（一七一五〜一七四六）などによって、江戸時代から主張されていたともいいますが、しょせん少数意見にとどまり、さして影響力はありませんでした。ところが、先進地域の欧米から発信された学説によって、この前提が根幹から否定されたのですから、大変です。

いままで絶対視してきた経典の信憑性がゆらぐ事態に遭遇して、仏教界はうろたえたにちがいありません。なかには、欧米ゆらいの学説をかたくなに拒否して、従来の見解を墨守する者もありましたが、時代の趨勢には逆らえませんでした。

打開策はないのか。さまざまな方策がためされました。その一つが、仏教の思想化であり哲学化だったとわたしは考えています。つまり、聖典とあがめられてきた文献を、字義どおりにうけとるのではなく、やや抽象化して、思想や哲学の表現スタイルとして、うけとるのです。

その際に重視されたのが、合理性でした。とかく宗教につきまといがちな非合理と神秘性は、あとづけの文飾にすぎないと判断され、拒否されます。そこには、合理性に満ちていて、思想化や哲学化できる宗教や宗派は高等であり、非合理と神秘性がまとわりついていて、思想化や哲学化できない宗教や宗派は下等であるという認識が秘められていました。

## モデルとしてのプロテスタンティズム

ここで考えておかなければならない問題は、このような思想化や哲学化に、モデルがあったという事実です。そのモデルとは、おおむねプロテスタンティズムでした。ありとあらゆる宗教のうち、いちばん高等な宗教こそプロテスタンティズムとみなし、プロテスタンティズムに似たタイプの宗教がよい宗教という発想です。たしかに、欧米の近代化にもっとも貢献した宗教はプロテスタンティズムですから、この発想は説得力がありました。

また、ダーウィンの進化論に触発されて、宗教にも発展段階があると考えるひとも出てきました。たとえば、イギリス生まれで、文化人類学の祖とされるエドワード・バーネット・タイラー（一八三二〜一九一七）が典型例です。かれは、森羅万象に霊魂があるとみなすアニミズムが宗教のもっとも原初的な段階であり、その後、文化が発展するにつれ、精霊崇拝から多神教へ、多神教から一神教へと発達すると考えたのです。

さらに、この理論に、いわば悪乗りして、同じ一神教でも、ユダヤ教やイスラム教よりも、キリスト教のほうが勝れている。同じキリスト教でも、ローマ・カトリック教会や東方教会よりも、プロテスタンティズムのほうが勝れていると主張する者すらあらわれました。一九世紀から二〇世紀の初頭のころは、カール・マルクスがそうだったように、社会の進化には速度の違いは顕著にあるものの、未開社会から近代西欧社会へと一元的に進化するという発想が、かなり浸透していたので、同調者を得られやすかったようです。なにしろ、この時期の西欧社会は、イギリスを中心に圧倒的な経済力とそれにもとづく圧倒的な軍事力をもち、世界の大半を植民地化して、我が世の春を謳歌していましたから、まさにやりたい放題、言いたい放題だったのです。

そもそも、プロテスタンティズムは、ローマ・カトリック教会という権威もしくは組織の介在を否定して、聖書のみをもって神に向き合うという方向へすすみました。そうなると、ローマ・カトリック教会以上に、聖書にしたためられた言葉が重視されることになります。

この点は、内村鑑三（一八六一～一九三〇）が主張した無教会主義に、もっとも極端なかたちであらわれています。教会における説教や伝統的な典礼をすべて否定して、聖書の研究と講義に専念したのです。

かくして、プロテスタンティズムをモデルにすると、必然的に宗教の内面化が重視されることになります。なぜなら、宗教の内面化と近代化とは、第1章で論じたとおり、不可分の関係にあったからです。近代化以前の段階では、宗教をささえる大切な要素だった儀礼や神秘性、あるいは呪術的な行為は、内面化とはまったく逆とみなされて徹底的に排除されます。

## 修験道廃止令

明治初年の段階で、もっとも徹底的に弾圧されたのは修験道でした。修験道は、七世紀の後半に活動した役行者を開祖とし、修験者とも山伏ともよばれる民間の行者によってになわれてきた日本独特の宗教です。その起源は、日本列島に仏教伝来のまえから存在した山岳信仰にゆらいし、仏教とわかちがたく融合したほか、神信仰や陰陽道の要素も入っています。また、現世利益をもとめて呪術的な行為をさかんにいとなんできたあたりは、密教の民衆版という性格も濃厚です。

そんな修験道に対し、明治維新政府は明治五年（一八七二）に「修験道廃止令」を公布して、苛烈な弾圧をくわえました。以来、修験道はまさに凍りつくような冬の時代を迎えたのでした。修験道廃止令そのものは明治二九年（一八九六）に撤回されましたが、この間に修験道がこうむった被害は甚大でした。

一説には、なんと一七万人もの修験者や山伏が追放されたといいます（中山太郎『日本巫女史』国書刊行会）。当時の総人口は、現在の四分の一ほどですから、現在の人口に換算すると、七〇万近い数の修験者や山伏がいたことになります。現在の僧侶数は二二万くらいなのでその三倍以上にあたる数です。

ご存じの方も多いとおもいますが、江戸時代は仏教が全盛を謳歌した時代でした。たとえば、江戸時代の中期ですと、全人口は二五〇〇万人ほどで、現在の五分の一くらいしかありませんでした。にもかかわらず、寺院数は四〇万もあったのです。現在が七万余なので、驚異的な数です。むろん、このなかには道場程度のごく小規模なものも含まれているので、その点は考慮しなければなりませんが、それにしても凄い数といわざるをえません。

それくらい、江戸時代には仏教が社会に隅々まで浸透していたということです。そのなかでも、修験道がになっていた役割は、いまとなっては想像もできないくらい大きかったのです。だからこそ、徹底的に弾圧されたのです。

ただし、修験道がこれほど徹底的に弾圧された理由は、明治五年というタイミングを考えれば、内面化と無縁だったからとはいえません。むしろ、在来の神々も外来の仏菩薩もまったく対等にあがめ、現世利益のために駆使して平気な顔をしている修験道の方向性が、天皇中心の神聖国家を樹立しようとしていた明治政府の逆鱗にふれたのが、おもな原因だったとおもわれます。

そもそも、民衆が宗教者にもとめていたのは高尚な宗教哲学などではありませんでした。そんなものは、民衆からすれば、なんの役にも立たないからです。もとめていたのは、日々の暮らしに直結する現世利益であり、ときには臨終と死と死後にまつわる儀礼や供養でした。そこには往々にして、呪いや祟りといった、おどろおどろしい領域も含まれていたのです。そのへんも文明開化を志向する明治政府にはゆるせなかったのです。

余談めいて恐縮ですが、テレビなどで時代劇を見ていると、修験者や山伏はたいてい悪役をやらされています。盟友関係にある修験者にいわせると、これも明治時代にこうむった弾圧の残滓だそうで、修験者ないし山伏＝悪という図式は、そう簡単には消えないといいます。

いま述べたとおり、修験道が弾圧された主な原因は、内面化とはほとんど関係ありませんでした。しかし、ながらく民衆の願いをかなえてきた大勢力が、一挙に消滅の憂き目を見たことは、その後の仏教界に深刻な影響をあたえた可能性があります。

## 教義仏教＞生活仏教

このあたりの事情については、宗教人類学の泰斗として知られる佐々木宏幹先生が、「生活仏教」と「教義仏教」というコンセプトをもちいて、こういう趣旨のことを述べています。近代化以降における日本の仏教研究が、もっぱら高尚な宗教哲学の研究、すなわち「教義仏教」にかたよりすぎた結果、ごくふつうの人々が求めてやまない領域、すなわち「生活仏教（プラクティカル・ブッディズム）」をないがしろにする傾向があらわになっている。これこそが、仏教の衰退をまねいた主因である（『仏力―生活仏教のダイナミズム』『生活仏教の民俗誌』春秋社）。

死者儀礼や現世利益は、宗教学では「生活仏教」のカテゴリーに入ります。これに対して「教義仏教」は、文字どおり、仏教の教義、すなわち仏教とはいかにあるべきか、を文献をもとに、思想的に哲学的に究明していく方向の仏教です。学問仏教といってもかまいません。あくまで教義の解明が中心ですから、儀礼や呪術だけでなく、修行のように身体をともなう領域も無視するのが原則です。

明治維新以降、日本で仏教学といえば、もっぱらこの教義仏教を意味してきました。

もちろん、教義の研究は大切です。この点は、わたしもよく認識しているつもりです。なぜなら、もし仮に教義の研究がなされないならば、仏教はいつしかあやまった方向に向かい、仏教とは名ばかりの邪教になってしまうかもしれません。現に、仏教の歴史をふりかえれば、実際にそういうことがいくつも起こっています。

問題は、教義研究そのものにあるのではありません。仏教学と称して、教義研究しかしないことが問題なのです。

そういえば、とても興味深い事実があります。東京大学や京都大学、あるいは東北大学といった日本の最高学府における仏教研究は、仏教学の講座でおこなわれてきたのでないという事実です。では、どういう名の講座かというと、「インド哲学仏教学研究」、縮めて「印哲」という名の講座で、研究がすすめられてきたのです。

この「印哲」という呼称は、明治以降の仏教学をもっとも端的に象徴する言葉です。考えてみてもください。仏教を研究しているにもかかわらず、なぜ「インド哲学」が「仏教学」の前に来ているのか。縮めて略称にする場合、なぜ、「仏教学」を省略して、「印哲」と称するのか。ひじょうに不思議です。

その理由は、あらたに欧米から輸入された「インド学」に軸足を置いてきたからなのです。反対に、明治以前の漢文経典を対象とする伝統的な仏教研究はやや軽視されました。欧米の「インド学」は、パーリ語やサンスクリット（梵語）などで表記された古典文献の研究が中心でしたので、近代日本の仏教研究も、インドの古典文献を研究のおもな対象にしてきました。

聞くところによれば、「印哲」では、研究対象の領域によって、いまでも序列があるようです。この件については、近代仏教の研究者として著名な林敦先生が、まことに端的な発言をされているので、以下に引用しておきます。なお、林先生ご自身も東京大学のインド哲学仏教学研究室の出身です。

東京大学の印度哲学科の歴史をうかがうと、三国史観が残っていると思うときがある。インドのサンスクリット語、パーリ語を使って、仏陀の時代に近い時代を研究する人が偉く、次に中国仏教を研究している人が偉く、日本仏教を研究している人は、あまり偉くない。さらに日本仏教でも、末木氏は平安仏教を研究していたからよかったが、最初から近代仏教を専門分野にしていたら、東京大学の教授にはなっていなかったはずである。サンスクリット語とパーリ語というのが近代仏教学の基礎語学であり、それができない人は仏教学者にはなれないという暗黙の条件があり、時代をさかのぼるほど価値が高まり、反対に時代が下ると価値が減り続け、嫌悪もある。一番輝き、価値があるのは仏陀の時代で、現代の日本仏教が、一番あってはいけない見本のようなものである。東京大学の印度哲学科からは、手を変え、品を変え、「日本仏教は仏教ではない」と主張する学者を輩出してきたが、そこには、東京大学印度哲学科特有の知的な土壌がある。（大谷栄一編　書評特集　末木文美士『明治思想家

論』『近代日本と仏教』南山宗教文化研究所　研究所報第一六号　二〇〇六）

ようするに、「昔はよかったなあ！」です。こういう研究態度ですから、生活仏教が無視されるのも当然です。生活仏教を代表してきた修験道は、もちろん仏教学の対象からはずされています。教義仏教の研究者が研究の対象とするに足るほどの立派な思想や哲学が、修験道にはないとみなされてきたからです。

そのため、修験道の研究は、もっぱら民俗学の領域でおこなわれてきたのです。民俗学は、読んで字のごとく、民衆の「習俗」が研究の対象です。すなわち、仏教学の研究者から見れば、修験道はまっとうな仏教ではなく、うぞうむぞうの雑多な要素からできている「習俗」にすぎないというわけです。たしかに、『修験道史研究』をあらわして、修験道の研究に金字塔をうちたてた和歌森太郎（一九一六～一九七七）先生は民俗学の大家でした。ついでに申し添えれば、わたしの大学時代の担任でもありました。

しかし、現実の仏教は文献のなかだけにあるわけではありません。教義はとても大事ですが、教義だけで仏教が成り立ってきたわけでもありません。

また、仏教にかぎらず、どの宗教にも儀礼や現世利益にまつわる部分が、まず必ずあります。いまさらいうまでもなく、仏教においては、教義は修行とペアになって、はじめて意味をもつのです。教義が修行を生み出したのではなく、修行によって得られた実体験が教義を生み出してきたからです。この順番をとりちがえることは、仏教にとって致命的な事態をまねきかねません。というより、現に致命的な事態をまねいてしまっています。

## 教義仏教と生活仏教の使い分け

ところで、日本仏教はどの宗派でも祖師仏教です。その宗派の祖師のほうが、仏教の開祖であるブッダよりも偉いとみなされているのです。たとえば、京都の東本願寺をおとずれれば、それを目の当たりにできます。ご本尊の阿弥陀如来木像を安置する阿弥陀堂よりも、祖師の親鸞聖人の木像を安置する御影堂のほうが、はるかに大きいのです。西本願寺の場合は、阿弥陀堂と御影堂の大きさはほぼ同じですが、ご本尊と祖師の像を安置するお堂の規模が同じくらいということじたい、チベット仏教やテーラワーダ仏教ではありえません。

また、真言宗は実質的に弘法大師宗です。もっともはなはだしいのは日蓮宗です。祖師の名がそのまま宗派の名になっています。

このへんも、林先生の言葉をお借りするなら、「一番あってはいけない見本のようなもの」なのでしょう。しかし、現にある日本仏教が長い歴史をへて、そういうかたちになったのですから、ただ否定するだけではなんの意味もありません。

日本にある宗門系大学で仏教学を教えている先生方の大半は、その宗派のお寺の住職を兼ねています。こういう事情と絡んで、とても奇妙な事態が起こっています。大学の先生としての立場と、お寺の住職としての立場に深刻な食い違いが生じているのです。いいかえれば、教養仏教の担い手としての立場と、生活仏教の担い手としての立場が両立しないのです。

この件に関しては、祖師の仏教を研究している先生にはあまり矛盾は生じません。いちばん矛盾が生じやすいのは、インド仏教の研究をしている先生方です。大学では学生を相手に、「本来の仏教は……」とか「ブッダの仏教は……」と講義していながら、ご自分のお寺に帰ると、大学で講義したことはどこかにおいて、祖師仏教の伝道者に豹変するのです。

もちろん、そうしなければならない必然性はあります。わたしが存じ上げているインド仏教研究の大家は、ご自分のお寺でも檀信徒を相手に、「本来の仏教は……」とか「ブッダの仏教は……」とやってしまったために、檀信徒一同から総スカンを食って、お寺が立ちゆかなくなりました。その後、住職を息子さんにゆずって引退し、ようやく混乱がおさまったといういきさつがありました。

わたしも仏教界との長いお付き合いをとおして、いま述べたような事情を知っていますので、教養仏教と生活仏教との使い分けは避けられないと感じています。ただし、事情が事情だから、使い分けは当たり前だ、そこはうまくやればよいのだ！では、やはり困ります。少なくとも、ご自分が教義仏教と生活仏教を使い分けているという現実を、ちゃんと認識していただく必要があります。つまり、自分の行為が矛盾しているという認識をもっていただきたいのです。

そして、可能であれば、教義仏教と生活仏教をつきあわせ、教義仏教の成果をいわば鏡に、いま現にある生活仏教が、仏教として望ましい方向へ向かっているのか、それともあまり望ましくない方向へ向かっているのか、もしくは仏教として許容できる範囲内にあるのか、もはや許容できない段階に達しているのか、冷静に検討していただきたいのです。

## 新たな教義の創造――「新水子供養論」

ここで難しいのは、仏教として、あまり望ましくない方向へ向かっている、もしくはもはや許容できない段階に達していると判断されたときです。是正しなければなりませんが、無理は禁物です。檀信徒の意向をあたまから無視すれば、さきほど述べた大先生のような事態をまねきかねません。ことは、慎重を要します。

時と場合によっては、新たな教義を創造しなければならなくなるかもしれません。ここでいう新たな教義については、いままでは存在していなかったものの、仏教としての正統な教義と根本的なところで矛盾はしていない、仏教としての正統な教義から大きく逸脱はしていない、という条件がともないます。

具体的な例をひとつあげておきます。以下は、あくまでわたし個人の意見ですから、無視しても、一笑に付しても、けっこうです。

とりあげるのは「水子供養」です。近年、よく話題になる水子供養あるいは水子地蔵は、江戸時代の地蔵信仰には見だせません。七歳に満たず死んだ子供の霊魂が地蔵の世話になるという話は、室町時代からありました。ただし、伝統的なものの考え方では、七歳以下で死んだ子供の霊魂が、あの世で地蔵の世話になることはあっても、この世に怨念をいだいたままでとどまり、なんらかの祟りをなすとはみなされていませんでした。

戒名にしても、幼児、孩児、嬰児が普通で、水子を用いた例はごくごく少ないのです。しかも、水子は「すいじ」と読まれ、「みずこ」と読むことはまずなかったようです。

流産や死産した胎児を「水子」とよび、その霊を祀る死者供養は古くからあったようにおもわれがちですが、実際には一九七一年ころから始まったばかりの新しい死者供養のかたちです。その背景には第二次世界大戦後、人工妊娠中絶が猛烈な勢いでひろまった事実があります。

ところが、日本が高度経済成長を成し遂げ、物質的な生活が飛躍的に向上するなかで、生命にたいする価値観も大きく変わりました。法律の分野でも、母体の保護という名目のもとに、人工中絶がみとめられました。その結果、望まれない妊娠ゆえに、人工中絶される胎児の数が激増したのです。

そうこうするうちに、「水子」と祟りがむすびつけられ、ちゃんと供養しないと祟るという教義が新たに登場してきました。そこには、人工的に胎児を堕ろしてしまったことに、うしろめたさを感じる女性の心理につけこみ、祟りを強調することで供養を強制し、経済的な利益を得ようとする宗教者がわの計算があったという指摘があります。

以上のようないきさつから生まれたこともあって、水子供養にたいする評価は、けっして好ましいものではありません。しかし、これほどまでに蔓延している現状を見ると、日本人の心性につよく訴えるものがあることもまた疑えません。いくらでたらめだ、本来の仏教とは無縁だ、と非難されても、水子供養はあとを絶たないのです。この点は、ただやみくもに非難するだけではなく、もう一度よく考えてみる必要がありそうです。

この水子供養に関して、昨今、わたしがお坊さん相手の講演会などで提案していることを申し上げます。水子供養のお布施としていただいた金品の一部を、恵まれない境遇にある子どもたちを助けるために使ったらどうか、という提案です。

水子供養については、まだ明確な教義はできていません。そこで、新たな教義が必要になります。わたしは、水子供養のお布施としていただいた金品の一部が、現実の子どもたちを助けるのだから、これは慈悲にもとづく布施行にあたるとおもいます。あるいは、回向にあたるとおもいます。そして、この布施行あるいは回向が功徳となって、いまは死後世界にある水子の霊位が上がり、やがて成仏するという教義をつくったらよいと考えています。現世でいま苦しんでいる子どもたちも、死後世界で成仏できずに苦しんでいる水子たちも、その水子をつくりだしてしまって罪悪感に苦しんでいる親たちも、ともに救えるのですから、けっこうよい教義だとおもうのですが、いかがでしょうか。

## 内面化の罪

話の方向を変えます。つぎは、内面化の罪について考えてみます。

内面化は、おもに教義仏教の領域でおこなわれます。内面化に理屈はつきものですから、理屈をあつかう教義仏教が担当するのは、当然です。

ここでぜひとも考えなければならないのは、内面化によって失われるものについて、です。この章のはじめあたりですでに述べたとおり、内面化とは、せんじつめれば、宗教があつかうすべてのことがらを、心の問題として、もしくは精神の問題として、処理することにほかなりません。別の表現をするなら、宗教を心や精神のなかに閉じ込めてしまうことです。それが思想化や哲学化の実態ともいえます。

その結果、心以外のものは宗教から排除されます。その最たるものが身体です。あるいは感性です。

宗教から身体や感性を排除してしまうと、ひどく痩せ細ってしまいます。人間の体にたとえれば、肉や欠陥をとりさって、骨や皮だけになってしまったようなものです。いや、骨や皮すらもなくなって、神経組織だけがのこったようなものかもしれません。

しつこいくらい繰り返し述べてきたとおり、仏教は開祖のブッダ以来、行の宗教です。修行なくしては仏教はなりたちません。また、修行のほかにも、身体を介し、視覚や聴覚まで総員して、その真髄を伝えてきたタイプの宗教です。密教の曼荼羅や各種の儀礼が、その典型例です。

ところが、日本仏教は、近代化の過程で内面化された結果、行の部分を軽視する傾向があらわになりました。身体を介し、視覚や聴覚による伝達も、仏教的ではない！といって、排除される傾向があらわになりました。

ようするに、言葉で表現できない領域が排除されたのです。言葉で表現できる領域は、まさに思想や哲学の独壇場ですから、思想化できないもの、哲学化できないものは価値がないとみなされたのです。

不幸なことに、当時のヨーロッパにおける仏教学は、いわゆる原始仏教に最高の価値を見出し、それ以後の仏教を堕落した形態とみなしていました。そのため、仏教史の最後に位置する密教はきわめて低い評価しかあたえられませんでした。もっとも堕落した仏教、ヒンドゥー教化した仏教、仏教の末期的な形態というような罵詈雑言が、密教に対して浴びせられていたのです。

この見解は、ヨーロッパの仏教学を日本に導入した学者たちにも、そのまま無批判に受け継がれました。仏教学をヨーロッパから日本に導入するにあたり、中核をになったのがいずれも鎌倉新仏教系の宗派出身の研究者だったことも、密教には逆風になりました。その結果、空海のような巨大な存在にまともに立ち向かえない、日本の近代的知識人につきまといがちな、小児病的なひよわさとあいまって、密教に対する一般の評価をさらに貶める結果となってしまったのです。

これらの事情から、日本の伝統仏教界にも近代化の過程で、いわゆる勝ち組と負け組が生まれてしまいました。鎌倉新仏教系の宗派は、易行で、しかもわりあい単純明快な教義ですので、内面化には有利でした。それに対し、旧仏教系の宗派は、難行のうえに、教義も複雑、かつその教義も、言葉にとどまらず、曼荼羅のような視覚装置や護摩焚きのような煩雑な儀礼を媒体とする仕組みになっていたために、内面化には不利でした。

近代化以降の日本の仏教界が、浄土真宗と日蓮宗を中心に、おおむね鎌倉新仏教系の宗派による活動にゆだねられた理由は、こういうことでした。もちろん、旧仏教系の真言宗や天台宗が負け組に入ってしまった理由は、ほかにもありました。鎮護国家みたいな旧態依然で、黴《かび》だらけの考え方にとらわれたままの人々も少なからずいて、近代的な国家理念とは相容れず、時代からとりのこされたのです。

しかし、だからといって、旧仏教系の宗派や修験道がたくわえてきた智恵まで徹底的に排除してしまうのは、あきらかに行きすぎです。また、曼荼羅や護摩焚きを、「呪術的」のひとことで、あるいは「迷信」のひとことで、すべて葬り去ってしまうことは、あきらかにまちがっています。なぜなら、そこには言葉では表現できない仏教の真髄が、象徴という回路を通じて表現されているからです。

## シンプル・イズ・ベスト？

近代化の過程で内面化を遂げた宗教をもつ国や地域には、単純明快なものほどよい、シンプルなものほどよい、逆に複雑煩瑣なものはよくない、という価値観が定着しているようです。ヨーロッパのキリスト教でいえば、プロテスタントは○、カトリックや東方教会は×という価値観です。この価値観を日本の伝統仏教界に適用すると、鎌倉新仏教系の宗派は○、旧仏教系の宗派は×になります。

同じ鎌倉新仏教系の宗派でも、禅宗は修行をきわめて重視するという点において、易行中心の他の宗派とは、おもむきを異にします。しかし、単純明快さやシンプルさにおいて、禅宗はきわだっています。それは禅宗寺院の境内を歩けば一目瞭然です。他の宗派のお寺とは比べものにならないくらい、すっきりしています。堂内のつくりも、いたってシンプルで、清潔感にあふれています。このあたりが、禅宗が近代化のなかでも、かなり大きな社会的影響をたもちえた理由の一つです。

禅宗が高い評価を得られた理由は、ほかにもあります。禅宗は江戸時代の上級武士層にとって、基本的な素養であり、維新以降、明治新政府につかえた高官のなかに、その薫陶を受けた人々が少なからずいたのです。たとえば、山岡鉄舟（一八三六〜一八八八）がそうでした。かれは「剣禅一如」をとなえて剣と禅の修行にはげみ、明治新政府が発足してからは、明治天皇に側近中の側近として、つかえました。

一説には、廃仏毀釈をはじめとする仏教弾圧がわりあい短い期間で終了した背景に、この事案を担当していた教部省に対する、臨済宗の荻野独園（一八一九〜一八九五）や曹洞宗の諸嶽奕堂（一八〇五〜一八七九）などからの強い働きかけがあったともいいます（小畠文鼎『続禅林僧宝伝』貝葉書院）。さらに、文明開化についで富国強兵の路線が敷かれると、軍人たちの精神修養のために禅宗が利用された面もありました。

単純明快さを喜ぶのは、なにも民衆ばかりではありません。むしろ、いわゆる近代的知識人のほうが、ずっとその傾向が強いようです。精神衰弱に苦しんで、円覚寺に参禅した夏目漱石は、その時の体験を『門』などに書いています。そのほかにも、小説家の岡本かのこや伊藤左千夫も禅宗に親しんでいます。

そしてなによりも、西田幾多郎（一八七〇〜一九四五）や西谷啓治（一九〇〇〜一九九〇）といった日本の近現代を代表し、かつ世界的な評価をもつ哲学者たちが禅宗に帰依し、そこから独自の思想を構築した事実は見逃せません。日本生まれの仏教者として、いまだに世界でいちばん有名な人物が、禅の研究で知られた鈴木大拙（一八七〇〜一九六六）という事実もあります。

華厳の教えも近代的知識人が好んだタイプの仏教です。『華厳経』は禅宗の理論面に強い感化をあたえていますから、不自然ではありません。それに華厳の教えは壮大な宇宙論をもっていて、この点も近代的知識人のめがねにかなったようです。さらにいえば、『華厳経』の教主とされる毘盧遮那如来は、世界のありようをじっと見ているだけで、説教も弟子にまかせ、自分は活動しないところも、なにごとであれ、傍観者的な態度が目立つ近代的知識人たちに好まれた理由かもしれません。

### 単純明快という罠

真理は単純明快だ！という考え方は、ひょっとしたら近代化が生んだ虚妄かもしれません。

そう思いたい人がたくさんいることは厳然たる事実ですが、その事実が真理は単純明快だ！という考え方を証明してくれるわけではありません。少なくとも、過度の単純化はあきらかにまちがっています。

別に擁護するわけではありませんが、禅の風光は、禅をよく知らないひとがおもっているほど、単純明快ではありません。一見、単純明快をよそおうようなところもないではありませんが、実際はまったくちがいます。ほんとうは、かなりしたたかな複雑系の宗派です。

意外に思われるかもしれませんが、禅と密教はじつはよく似たところがあって、同じコインの表裏に近い関係があります。両方とも修行なしでは成り立ちませんし、とりわけ瞑想を重視することでも共通しています。

しかし、教えの表現はまるで正反対です。禅宗のお寺のつくりは簡潔で、境内はすっきりしていますし、お堂の内部も飾り気がありません。色も着いていません。密教のお寺のつくりは複雑で、境内には他の宗派ではなかなか見られないような、変わった形の建築が立ち並びます。しかも、派手な色が着いています。お堂の内部もまさに絢爛豪華で、色彩が乱舞しています。僧侶が身につける服も、禅宗が黒染めなのに対し、密教は赤や緑がつかわれ、刺繍までほどこされています。

瞑想もまったく逆の方法論です。禅宗では、心のなかにつぎつぎに浮かんでくるイメージを、悟りをさまたげる要素、すなわち魔境と称して、片っ端から切って捨てます。ところが、密教では、心のなかにつぎつぎに浮かんでくるイメージを、いわば悟りへの導き手として、徹底的に利用します。それでいて、日常的に読まれるお経はけっこう共通しています。陀羅尼や真言、つまり呪文の系統が多いのです。禅宗が日常的に呪文をとなえているというと、驚く方がいるはずです。でも、事実です。

具体的な例をあげれば、朝課とよばれる朝のおつとめとして「楞厳呪《りょうごんしゅ》」をとなえるお寺が少なくありません。「楞厳呪」は『大仏頂如来密因修証了義諸菩薩万行首楞厳経』という経典の第七巻末尾に収録されているもので、すこぶる長いことで有名です。どれくらい長いかというと、四二七句もしくは四三九句もあって、全部をとなえ終えるには三〇分くらいかかります。また、禅宗のお葬式ではよく「ナムカラタンノー　トラヤーヤー」ではじまる呪文がとなえられますが、これは「大悲心陀羅尼」という千手千眼菩薩の呪文にほかなりません。

歴史的にも、禅宗と密教の類似はあきらかです。室町時代には、天変地異や兵乱が起こると、足利将軍はまず最初に禅宗のお寺に、凶事をしずめるための祈祷を命じ、もし効果がないと今度は密教のお寺に祈祷を命じていました。禅宗が祈禱するというと、これまた驚く方がいますが、いまでも各地の禅宗寺院では祈禱がよくおこなわれています。ともすると見逃されがちですが、禅宗にも「生活仏教」としての面があるのです。もっぱらみずからの悟りをもとめて、坐禅ばかりしているのではありません。

さて、問題はここからです。さきほど、禅宗と密教の関係は同じコインの表裏に近いと述べました。この場合、どちらが表で、どちらが裏か、考えてみるのも一興です。もし、時代に歓迎されたという価値観で判断するなら、近代化においては禅宗が表で、密教が裏になるでしょう。この表と裏の関係は、ある意味で、日本の近代化が仏教界におよぼした影響を、もののみごとに語っています。けっこう似ているにもかかわらず、近代化の過程では禅宗ばかりが高く評価され、密教が下等な宗教とみなされてしまったのです。

なぜ、こういう事態が生じたのでしょうか。わたしは、近代化の過程で、とりわけ知識人のあいだに真理は単純明快なはずだ、シンプル・イズ・ベストのはずだという思い込みが蔓延してしまったせいではないか、と考えています。いずれにしても、近代化の過程で、禅宗に心を寄せた知識人はたくさんいましたが、密教に心を寄せた知識人はいたって少なく、代表的な人物をあげるとすれば、異端の博物学者・生物学者・民俗学者だった南方熊楠《みなかたくまぐす》（一八六七〜一九四一）あたりにとどまるのではないでしょうか。

そして、禅宗は内面化しやすい、あるいはすでにじゅうぶん内面化していると認識されたのに対し、密教は内面化しにくい、あるいは内面化はとうてい無理だと認識されてしまったことが、決定的だったとおもいます。ここにも、簡潔なほど内面化に適している、複雑なほど内面化には適していないという思い込みがあったのです。

## 祖師仏教の再評価

近代化にともなう内面化を考えていて、とても気になることがあります。正直いって、これまでおこなわれてきた内面化は、欧米ゆらいの近代的な価値観にもとづいて、祖師たちの書きのこしたものや言動から、美味しいところだけをつまみ食いしてきた感がなきにしもあらず、なのです。その結果、まことに残念ながら、祖師を裏切る祖師仏教になってしまっている気がしてなりません。

この傾向は、ほとんどすべての宗派に見受けられます。もし、祖師たちがいまここにいたら、「わたしはそんなことをいっていない」とか「そんな解釈が、どうして成り立つのか」と、苦渋の表情で語るかもしれません。

紙幅の都合もあって、具体的な例をあげて論じるいとまはありませんが、祖師が心血を注いで書き上げた著作をわきに置いて、聞き書きのたぐいをもちあげてみたり、祖師が死の直前まで弟子たちに講義していた著作を、現代の価値観とはあわないという理由で無視したりすることも見られます。

わたしは日本仏教のすばらしさの一つは、すでに指摘したとおり、その多様性にあると確信しています。浄土教系、法華経信仰系、禅宗系、密教系、そして修験道というバラエティは、チベット仏教にもテーラワーダ仏教にもない特徴です。

そして、この多様性は、祖師仏教というかたちだからこそ発展し、維持できたと確信しています。たしかに、祖師仏教に問題がないわけではありませんが、その問題をあれこれあげつらうよりも、祖師仏教なるがゆえのプラス面をもっと高く評価すべきなのです。さきほど引用した林敦先生の発言にあったとおり、「日本仏教は仏教ではない」と声高に主張して、なにか得るところがあるのでしょうか。はなはだ疑問です。

むしろ、日本仏教が祖師仏教というかたちで多様な発展を遂げた事実を、もっと真摯にうけとめ、再評価すべきなのです。そのためには、まず近代化と内面化の功罪について、よく考えてみる必要があります。

最後に、各宗派にぜひお願いしたいことがあります。各宗派の得意な分野をさらに発展させ、その成果を、惜しみなく提供していただきたいのです。

浄土系の宗派には、死にまつわる領域をきわめたうえで、それを誰にでも理解できるかたちで、伝えていただきたい。

法華経信仰系の宗派には、現世における活動の意義を、とりわけ現状を改革するための仏教的な基盤を、しめしていただきたい。

禅宗系の宗派には、瞑想にまつわるノウハウを、仏教に関心をいだくすべての人々に分かちあたえていただきたい。

密教系の宗派には、言葉で表現できない仏教の智恵を、曼荼羅をはじめとするヴィジュアル系のすべを介して、あきらかにしていただきたい。

修験道系の宗派には、もっとも「日本化」した仏教の真髄を、一般の方々を対象に体験させてあげていただきたい。

以上がわたしの切なる願いです。

## 仏教と暴力

内面化を論じる本章でとりあげるべきだったか、それとも近代化を論じる第1章でとりあげるべきだったか、迷うのですが、近代化や内面化を論じるときに、けっして避けては通れない課題があります。日本仏教と暴力の関係、とりわけ日本仏教の戦争責任です。

結論から先にいってしまうと、この課題について、わたしはいま別の論考を執筆している最中なので、本格的なことはそちらを読んでいただくことになるとおもいます。ですから、本書ではあえて論じていません。

といっても、まったくなにも指摘しないのではいささか無責任でしょうから、この課題を論じるうえで、わたしがとても肝心だと考えていることがらを、少しだけ申し上げておきます。

戦争責任という課題がとりあげられるとき、ともすると近代以降の日本仏教だけがまな板の上にのせられる傾向が否めません。もちろん、理由はあります。白村江で唐や新羅の連合軍に大敗北を喫して、大陸から引き上げることになった古代の一時期をのぞけば、元寇のように外国から攻められることはあっても、こちらから大規模な対外戦争をしかけることはなかったからです。

だからといって、日本仏教が暴力や戦争とまったく縁がなかったとはいえません。そもそも、日本に仏教が導入されるにあたり、勃発した崇仏派と廃仏派の戦いの際、崇仏派として戦闘に参加していた聖徳太子は、戦況がかんばしくないのを見て、四天王の像を刻み、勝たせていただけならばお寺を建立しますと誓っています。そして、勝利したあかつきには、約束どおり、四天王寺を建立しました。つまり、日本仏教は最初期から暴力や戦争とかかわっていたのです。

その後も、兵乱が起こるたびに、権力者たちは寺院に向かって、怨敵降伏を祈るように要請しています。また、その種の要請をうけた寺院のがわも、ほとんど疑問をいだかず、敵対するものの殺害や滅亡を祈願してきました。

日本仏教のこういう姿勢は近代化以降もつづいたのではないか、とわたしは考えています。つまり、「昔からやってきたから」という感覚で、近代化以降の対外戦争に協力したのではないでしょうか。もし、そうとすれば、問題の根はかえってひじょうに深いことになります。

第3章

# 死後世界と霊魂を考える

## 緊急の課題

日本仏教の復興をめざすうえで、解決すべき課題はいくつもあります。なかでも、絶対に無視できず、できるかぎり早く解決しておかなければならない課題があります。死後世界と霊魂です。この課題をきちんと解決しないかぎり、日本仏教の復興はありえません。

そもそも、死後世界の存在を認めることなしに、宗教は成り立ちません。また、死後世界におもむく主体として、なんらかの存在を認めることなしに、宗教は成り立ちません。ようするに、現にいま生きている時間のなかだけを想定していたのでは、宗教は成り立たないのです。

ところが、現時点で伝統宗派の多くは、この課題にたいして曖昧な態度をとりつづけています。たとえば、ごく最近の調査研究によれば、死後に霊魂が存在することを認めているのは、高野山真言宗と日蓮宗しかないようです（藤村みどり「死後世界を各宗はどう説く」『月刊住職』二〇一五年一〇月号・一一月号）。

もちろん、こうなっているのには、それなりの理由があります。一つは、仏教の開祖、ブッダ自身がこの課題にたいして明確な答えを用意しなかったことにもとめられます。もう一つは、近代化の過程で日本の仏教界に深刻な迷いが生じたことにもとめられます。

近代化の過程でおこった事件とは、こういうことでした。一九三〇年前後のことです。事件の当事者は、日本の仏教学をリードする立場にあった東京大学印度哲学科の宇井伯寿（一八八二～一九六三）教授でした。宇井教授は、「無我説」とは「我がない」という意味であり、「我」は霊魂を意味しているので、「無我説」はすなわち霊魂の否定であると主張したのです（『印度思潮』一九二八、『根本仏教概観』一九三二）。

なにしろ、仏教学の最高権威がそう主張したのですから、その影響は絶大でした。以来、日本の仏教学では「ブッダは霊魂の存在を否定した」という学説が主流になりました。どう考えても、この学説が各宗派の教義や教学を、ひどく窮屈にしたことは否めません。

かくして、ブッダの態度と宇井教授の学説とがあいまって、伝統宗派の多くが、この課題にたいして曖昧な態度をとりつづける事態となったのです。

## 明治時代の霊魂観

では、それ以前の日本仏教界はどうだったのでしょうか。このことを考えるうえでとても良い事例があるので、ご紹介します。

とりあげるのは、釈宗演（一八五九～一九一九）の見解です。釈宗演は、臨済禅の世界では、釈宗演こそ近代日本が生んだ最高の禅僧という評価が定着している人物です。岩波書店が発行している『岩波日本史辞典』にも、明治以降ただ一人の禅僧として、釈宗演の項目がもうけられています。
日本禅を世界に広めたことで知られる鈴木大拙、文学界では夏目漱石、伊藤左千夫、徳富蘇峰、国木田独歩、岡本かの子などが薫陶を受けたほか、日露戦争のころに対外情報活動の中心にいた明石元二郎大佐、シベリア大陸騎馬横断で有名な福島安正大佐などの軍人が、釈宗演のもとをしばしば訪れていました。このように、釈宗演は日本が近代化する過程において、もっとも著名な仏教者でした。
その釈宗演が、明治二〇年三月から三年間にわたり、スリランカに留学していたときにつづったのが『西遊日記』です。その明治二〇年七月二二日の項に、こういう記事があります。原文は漢文調で読みづらいとおもいますので、現代語訳したものを、以下にしめします。

この日、ニヤーチラカ比丘と心識について話し合った。比丘がいうには、人間の身体は四大が和合してできている。四大がそれぞれ離散するとき、心識もまた飄然として失われる。それは、ちょうど灯火が滅すれば煙が消えるのと同じである。また彼がいうには、心識は四大とともに生まれ、四大とともに死ぬ。それは、水があれば月が映り、水がなくなれば月も映らなくなるようなものである。

それを聞いて、小乗仏教は仏教の初歩であって、はなはだ浅いことは浅い教えではあるけれども、まさか心識が消滅すると説くことはなかろう、とおもっていたが、あにはからんや、その教説がここまで次元が低いとは予想外であった。また比丘は、心識は死なないと説くのは外道の考え方である、という。私はこのお粗末な説に驚きを禁じえなかった。もし私に、心識について述べよ、というのであれば、彼の迷妄を開くことも容易ではあるが、悲しいことに言葉の問題があって子細に論じることができない。そこで、深く立ち入ることなく、この論議を終了した。

このニヤーチラカという者は、尊者の高弟であって、かつてセリスマンガラ師の教育を受け、かなり高名な僧である。この僧にして、こんな説を吐くとは、ああ（他日、さらに、尋ねてみようとおもう）。

ここに登場するニヤーチラカ比丘は、もちろんテーラワーダ仏教の出家僧です。かれが述べたのは、いわゆる「無我説」で、テーラワーダ仏教の正統な教義にほかなりません。

文脈からあきらかなように、釈宗演自身の考えは「心識は死なない」ですが、そういう教えは、ニヤーチラカ比丘にいわせれば「外道の考え方」なのです。たしかに、厳格な「無我説」を教義とするテーラワーダ仏教の立場からすれば、「心識は死なない」は仏教ではありません。

じつは釈宗演はもとより、当時の日本仏教界では、「心識は死なない」こそ、常識だったのです。したがって、「心識は死なない」が「外道の考え方」なら、日本仏教は仏教ではないと断言されたようなものです。釈宗演が憤慨し、テーラワーダ仏教の教義を「ここまで次元が低いとは、予想外」とか「お粗末な説」と書いたのも無理はありません。

あとでくわしくふれるように、「心識」の原語はパーリ語のヴィンニャーナであり、最近では「たましい」と訳されるようになっています。ということは、明治二〇年代ころの日本仏教界では、霊魂の存在がみとめられていたことになります。

もともと仏教は、他の宗教とはかなり異なる性格をもっています。世界中の宗教は、ほとんど例外なく、死後世界を説き、肉体が消滅したのち、そこにおもむく主体として、霊魂を説いています。もちろん、霊魂は死後も存在しつづけることを前提にしています。つまり、霊魂とは常住不変にして永遠不滅の存在とみなされているのです。この点では、キリスト教やイスラーム教のように世界宗教とか普遍宗教とよばれる巨大宗教も、限られた地域や人々によってのみ信仰されてきた小さな宗教も、同じです。

しかし、仏教では必ずしもそうとばかりは考えられてこなかったのです。釈宗演とニヤーチラカ比丘の対話には、はからずもそれがあらわになっています。

## 輪廻＝インド型宗教の前提

ブッダを開祖とするインド仏教を考えるとき、とても厄介な問題があります。インドの宗教界に特有の前提があった事実です。

それは輪廻です。輪廻は、読んで字のごとく、輪のように廻るという意味です。では、いったいなにが輪のように廻るのか、というと、この世の生命あるものすべてです。やや厳密にいうと、原則として、動物であり、植物は入りません。

つまり、この世に生まれ出でた生命は、寿命が尽きて死を迎えても、それでお終い！というわけではありません。生前の行為によって、別の生命に生まれ変わります。いいかえると、死は終わりではなく、別の生の始まりにすぎないのです。このように、生と死はエンドレスで繰り返されるので、輪廻もしくは輪廻転生ともいいます。

この生と死の輪は、永遠につづきます。永遠に生きられるのだから、けっこうな話ではないかとおもう方があるかもしれませんが、一生のあいだずっと幸福な状態はまずありえませんし、仮にそうだったとしても、次の生が幸せとはかぎりません。たぶん、そうはいかないでしょう。不幸の連続だった生が、次の生では幸福になる可能性もあり、その場合は、いわば敗者復活戦とみなすこともできますが、それもまた稀でしょう。

なにより問題なのは、死が救いにならない点です。キリスト教のような一神教では、その生がいかに苦難に満ちていようとも、死ぬことによって神の救済が期待できます。たとえば、ドイツの大作曲家、ジャン・セバスチャン・バッハは「甘き死よ来たれ」(BWV478)という曲を作っていますが、インド生まれの宗教ではそういう事態は想定外なのです。

こう考えると、輪廻は苦にほかならないという認識にいたります。そして、インド生まれの宗教は、この輪廻からどうやって離脱するか、が最大の課題になりました。この点では仏教もまったく同じです。

ちなみに、輪廻を前提とする宗教は、インド以外にもないわけではありません。有名なところでは、古代エジプトに輪廻の思想がありました。おそらく、その影響をうけて、古代ギリシアのオルペウス教やピタゴラス教団が輪廻を説きました。プラトンも『パイドン』『パイドロス』『ゴルギアス』『国家』などの主要な著作において、輪廻を肯定的に論じています。

意外なのは、現代でも地中海東部の沿岸地方に、それもイスラーム教のなかに、輪廻を前提とする宗教が見られることです。シリアのアッサド政権に近い宗派として知られるアラウィ派、あるいはレバノンの山岳地帯に勢力を張るドゥルーズ派は、もっとも先鋭な一神教とみなされがちなイスラーム教に属していながら、輪廻を信じる教義を奉じています。アラウィ派やドゥルーズ派はじつは古代宗教の末裔という性格をもち、イスラーム教が圧倒的な力をもつ中東地域で生き延びるために、外見上でイスラーム教らしく装っているにすぎないと考える説もあります。

## ヒンドゥー教の霊魂観

とりあえず仏教はさておくとして、インド型の輪廻を考えるとき、まず問題になるのは輪廻の主体です。霊魂とか「たましい」といってしまえば、それまでですが、では霊魂とは何か、「たましい」とは何か、と問われると、答えるのは簡単ではありません。

ここでは、ながらく仏教と競合する関係にあったヒンドゥー教の霊魂観を見てみましょう。ヒンドゥー教の霊魂観には、二つの特徴があります。

①常住不変であること
②身体の所有者であること

①については、とくに説明するまでもないとおもいます。ヒンドゥー教のみならず、大概の宗教で、こうみなされているからです。

②については、説明が必要になります。霊魂はサンスクリットで「デーヒン」とよばれます。同じく、身体は「デーハ」とよばれます。

ここで注目すべきは、霊魂を意味する「デーヒン」という言葉は、翻訳すると「デーハを所有するもの」になることです。すなわち、ヒンドゥー教における霊魂とは「身体の所有者」なのです。そして、ヒンドゥー教の聖典として名高い『バガヴァッド・ギーター』あるいは『ブラフマ・スートラ』の註釈書によれば、この「デーヒン」こそ、ヒンドゥー教がその存在を絶対視する精神原理にほかならない「アートマン（我）」の正体であり、輪廻の主体なのです。

わたしたちはともすると、身体のなかに霊魂があると考えがちです。いいかえると、身体が霊魂を所有していると考えがちです。したがって、あえてイメージすれば、大きな身体のなかに小さな霊魂がすっぽりおさまっていることになります。

しかし、ヒンドゥー教では、霊魂が身体を所有しているのです。それも、大きな霊魂のなかに、それよりも小さな身体がすっぽりおさまっているという話どころではありません。あるいは、身体の外側に霊魂がひろがっているとか、身体が霊魂に包み込まれているというイメージでもありません。

立川武蔵先生によれば、宇宙大のひろがりをもつ霊魂のどこかに、ごく小さなポリープか粟粒みたいな身体が、ポチッとある感じだそうです。ようするに、極大の霊魂に極小の身体が寄生しているようなものなのです。これは、ヒンドゥー教の霊魂観を考えるうえで、絶対に見逃せない点です。

霊魂は常住不変の存在とみなされていますから、身体が生存できる時間を終えて滅び去っても、霊魂が滅び去ることはありません。あたかもひとが古い着物を捨てて、新しい着物を身にまとうように、霊魂もまた古い身体を捨てて、新しい身体を身にまとうのです。

なにしろ、霊魂が極大なのにたいし、身体は極小なので、霊魂が身体を捨て去るのも、ごく簡単なのでしょう。たとえていえば、皮膚の表面にできていた小さなかさぶたがとれて、別の場所に新しいかさぶたができるようなものです。これが、ヒンドゥー教における輪廻のメカニズムです。

問題はいま述べたような霊魂観がいつ成立したか、です。現時点ではまだ確定はできませんが、西暦でいえば、紀元前後にはすでに主張されていたようです。ただし、ブッダの時代はどうだったのか、と尋ねられると、残念ながら、お答えできません。

## 「アートマン（我）」とは何か

前節で「アートマン」という言葉が登場しました。意味は「我」です。仏教を例外として、インド型の宗教では、原則的に「アートマン」の存在をみとめます。この「アートマン」を抜きにして、インドで生まれた宗教を論じることはできません。そこで、「アートマン」について、考えてみたいとおもいます。

この課題にかんしては、桂紹隆「インド仏教思想史における大乗仏教―無と有の対論」（『シリーズ大乗仏教1　大乗とは何か』春秋社　二〇一一）が、最新の学説を網羅したうえで、的確に整理しています。以下の記述も、おおむねこの論考にもとづいていることを、あらかじめ記しておきます。

「アートマン」という言葉の初出は、インド最古の宗教文献とされるヴェーダです。ヴェーダの最古層は、紀元前一〇〇〇年ころに成立したから、ひじょうに古いものです。ただし、ヴェーダの段階ではまだ再帰代名詞として、つまり「〜自身」、英語でいうなら、self というかたちでつかわれていたにすぎませんでした。

しかし、紀元前七〜六世紀に中核の部分が成立したウパニシャッドの段階になると、いわゆる自我意識がめばえ、自我ないし自己を意味する言葉として、アートマンがつかわれることになりました。

興味深いのは、ウパニシャッドに登場するアートマンには、二つの意味が込められていた事実です。一つは、自我意識が直接的な対象とする「経験的な自己（個我）」です。もう一つは、「経験的な自己」を否定した先に想定される「超越的な自己（真の自己）」です。

このように、ウパニシャッドの段階からすでに、アートマンには、正反対でありながらも、相互に補完する関係にある二つの方向性が認識されていたのです。後世、アートマンをめぐって、さまざまな論争がくりひろげられた背景には、こういう事情があったのです。

つぎの課題は、いま説明したようなウパニシャッド的なアートマンにたいし、ブッダがどう考えていたのか、です。この件にかんしては、研究者のあいだでいまなお論争があります。以下に主要な見解をあげてみます。なお、（　）は日本の代表的な論者の名前です。

①いかなる意味でもアートマンをみとめなかった↓厳格な無我説（宇井伯寿）
②ウパニシャッド的なアートマンは否定したが、真実の自己は肯定した↓非我説（中村元）
③そもそもブッダはウパニシャッド的なアートマンを想定していなかった。ブッダがめざしていたのは、「自己の心」を正しく制御し抑制して、自己の主体性を確立することだった↓自己の確立説（櫻部建）
④ブッダはウパニシャッド的なアートマンを否定しなかった↓我肯定説（宮本啓一・荒牧典俊）
⑤アートマンにまつわる質問にたいし、沈黙を守った。理由は、無我と有我という両極論を、ともに拒絶するためだった↓無記説・中道説（桂紹隆）

これらの見解のうち、①の厳格な無我説が宇井伯寿によって、一九三〇年前後に主張され、近代以降の仏教界に多大の影響をあたえつづけてきたことは、すでに述べたとおりです。

同様の事態は、ブッダ入滅後のインド仏教でもしきりと起こりました。というより、インドにおける仏教思想史は大半、この問題をめぐる論争に終始した感さえあるくらいです。

そうなったのも、無理はありません。なにしろ、ブッダ自身が明確な答えをのこさなかったうえに、ウパニシャッドの段階からすでに、アートマンに二つの方向性が認識されていたのですから……。

## ブッダは死後世界や輪廻を説いたか

つぎに、ブッダが死後世界や輪廻を説いたか否かを検証してみましょう。

この問いに答えるためには、中村元訳の『ブッダのことば　スッタニパータ』岩波書店）を読まなければなりません。なぜなら、この文献は「歴史的人物としてのゴータマ・ブッダに最も近いものであり、文献としてはこれ以上遡ることはできない」（同書解説）からです。とりわけ、そのなかでもいちばん古いとされる第四章「八つの詩句の章」と第五章「彼岸に至る道の章」が必読の資料になります。

第四章の八〇一に、こういう文言があります。


かれはここで、両極端に対し、種々の生存に対し、この世についても、来世についても、願うことがない。

同じく、原始仏典のなかでも最古層とされる『法句経（ダンマパダ）』（中村元『真理のことば・感興のことば』岩波文庫）の第一章には、こう書かれています。

悪いことをなす者は、この世で悔いに悩み、来世でも悔いに悩み、ふたつのところで悔いに悩む。「わたくしは悪いことをしました」といって悔いに悩み、苦難のところ（＝地獄など）におもむいて（罪のむくいを受けて）さらに悩む。

善いことをなす者は、この世で歓喜し、来世でも歓喜し、ふたつのところで歓喜する。「わたくしは善いことをしました」といって歓喜し、幸あるところ（＝天の世界）におもむいて、さらに喜ぶ。

つまり、来世があることや、その来世にも「地獄」や「天の世界」があると、ブッダ自身が述べているのです。ですから、輪廻といわないまでも、生まれ変わり死に変わりはあると、ブッダも認識していたことはたしかです。

ただし、全体からすると、死後世界や輪廻にまつわる言及はけっして多くはありません。むしろ、とても少ないと言うべきです。『スッタニパータ』や『法句経』を読み通してみると、ブッダはこの世で生きているあいだに、いったいなにをなすべきか、を説いていることがわかります。そして、それがブッダの真意だったことも否定できません。

むろん、死後世界や輪廻を前提にしていたからこそ、いま生きているうちに修行に励め、そう説いたという解釈は可能です。世界中のどの地域でも、どの時代でも、前提となっていることがらに関する記述は、それがあまり当然なゆえに、あまり残されない傾向があります。逆にいえば、後世に残された記録の大半は、その地域や時代にとって、ありえなかったこと、非常識なことが多いのです。

そう考えると、ブッダは死後世界や輪廻を積極的に説いてはいないものの、否定していたわけではない、そうみなすのが正解とおもわれます。もし仮に、否定していたのであれば、それを語る文言があってよいはずですが、それは見当たりません。

当時の常識では、他の動物ではなく、人間として生まれる確率はほんのわずかしかなく、奇跡に近いと信じられていたようです。ですから、ブッダにすれば、せっかく人間に生まれたのだから、人間としてこの世にあるあいだに、死後世界がどうのとか、輪廻がどうのとか、頭を悩ませず、なにより一生懸命に修行して、一刻も早く悟りに近づきなさいということだったのでしょう。

## ヴィンニャーナ、ヴィジュニャーナ

初期仏典あるいは原始仏典とよばれる仏典のうちでも、ややおくれて成立したらしい『サンユッタ・ニカーヤ』には、悟りを開く前に死んでしまった場合、パーリ語でヴィンニャーナ、サンスクリットでヴィジュニャーナ、すなわちこれまで日本語では「識」とか「識別力」、もしくは「心」と訳されてきた「なにか」が残ると解釈できる文章が、少なくとも二つはあります。内容をかいつまんでお話しすると、こうなります。

ブッダの弟子だったゴーディカは、修行を積んで心の解脱に達しました。ところが、この境地をたもつことができません。六回も心の解脱に達したものの、そのたびにその境地から退いてしまいました。そこで七回目の心の解脱に達したときに、ゴーディカは刀を手にとって自殺してしまいました。

ゴーディカの自殺をブッダは容認しています。この件も大きな問題ですが、今回はこれ以上はふれません。ゴーディカが自殺したことを知ったブッダは、弟子たちを引きつれて、ゴーディカの遺体を見舞いに出かけたのです。肝心な話はここからです。

そこで尊師は、多数の修行僧たちとともに〈仙人の丘〉の山腹の黒曜岩のところに赴いた。尊師はゴーディカ尊者が床座の上で肩をまるめて上向きに臥しているのを、遠くから見た。

そのとき、煙のような、朦朧としたものが、東に行き、西に行き、北に行き、南に行き、上方に行き、下方に行き、中間の四維に行った。

さて、尊師は、諸々の修行僧に告げられた、——

「修行僧たちよ。そなたたちは、この煙のようなもの、朦朧としたものを見るか？　それは東に行き、西に行き、北に行き、南に行き、上方に行き、下方に行き、中間の四維に行く」と。

「そのとおりでございます」

「修行僧らよ。これは、悪魔・悪しき者が、立派な人ゴーディカの識別力を探し求めているのだ。——『立派な人・ゴーディカの識別力はどこに安住しているのであろうか？』と。しかし、立派な人・ゴーディカの識別力は安住していないで、完全なニルヴァーナに入ったのだ」と。（中村元『悪魔との対話』第Ⅳ篇　第二章）

ここで、「識別力」と訳されているのは、前にふれたパーリ語のヴィンニャーナ、サンスクリットではヴィジュニャーナです。

注目すべきは、このヴィンニャーナにつけられている中村先生の注釈です。それを見ると、「一種の魂、霊魂のようなものを考えていたのであろう」と書かれています。さらに、英語で the consciousness、ドイツ語で die Seele とも記されています。つまり、意識とか霊魂という意味です。

もう一つは、同じく「相応部」の第三集第一篇第二部第四章第五節におさめられている「ヴァッカリ」の物語です。こちらは新たに訳し直されて、『原始仏典II 相応部経典』第三巻（春秋社、二〇一二）におさめられています。これもかいつまんでお話しします。

やはりブッダの弟子だったヴァッカリという人物が、悟りを開いたのち、病苦から離脱するために、刀を手にとって自殺します、このときも、ブッダは容認していますが、ここではふれません。そして、ブッダは、ゴーディカのときと同じように、ヴァッカリの遺体を、弟子たちを引きつれて見舞いに出かけます。

そして、世尊は大勢の修行僧たちとともにイシギリの山腹の黒岩におもむいた。
世尊はもう遠くから尊者ヴァッカリが臥床の上で肩をまわして横臥しているのを見た。
しかしそのとき、煙を出すようなものが、暗闇のようなものが、東方に行き、西方に行き、北方に行き、南方に行き、上方に行き、下方に行き、ありとあらゆる方向に行っていた。

そこで、世尊は修行僧たちに語りかけた。

「修行僧たちよ、あなたたちは見るかね。この煙を出すようなものが、暗闇のようなものが、〈東方に行き、西方に行き、北方に行き、南方に行き、上方に行き、下方に行き、〉ありとあらゆる方向に行くのを」

「はい、尊い方よ〈、見ます〉」

「修行僧たちよ、いいかね、これはパーピマント（魔）である。ヴァッカリの、家の息子の識を探し求めているのだ。どこにヴァッカリの、家の息子の識はしっかりとどまったのか、と。

しかし、修行僧たちよ、識が〈どこにも〉しっかりとどまることもなく、ヴァッカリは、家の息子はパリニッバーナ（般涅槃）したのだよ」

このなかに出てくる「識」を、同書の注では、「認識体、意識体、たましいのこと。漢訳では『識神』という」と解説しています。「たましい」という訳語には、この種の表現をかたくなに拒んできた近代仏教学の歴史をおもうとき、いささかならず驚かされますが、以前からドイツ語圏では die Seele（霊魂）と訳されていたことを考えれば、世界標準になっただけともいえます。

いずれにせよ、ゴーディカとヴァッカリの物語を読むかぎり、かなり早い段階から、輪廻の主体に、「たましい」と訳せるなにかを想定していたことは否定できません。

## ミリンダ王の問い

輪廻の主体をどう設定するか、この難問にいどんだ仏典の一つに『ミリンダ王の問い』があります。『那先比丘経』のタイトルで漢訳もされています。

ややくわしくいうと、原初の部分は紀元前一世紀のなかごろまでには成立していたようです。『那先比丘経』はこの原初の部分を、わりあい忠実に漢訳しています。それにたいし、現在、パーリ語で伝えられているヴァージョンは、原初の部分の約六倍という量に達しています。なぜ、こういうことになったのかというと、紀元後五世紀ころまでに、いまのかたちになるにあたり、いちじるしく増補されたためです。これはパーリ語の仏典にはままあることで、パーリ語の仏典だから、原初のかたちをそのまま継承しているとおもったら、大間違いということはよくあります。

もちろん、ここまで増補されたのは、この仏典が増補するにあたいするほど価値があると認められていたからでした。とりわけ、「無我」という考え方をひじょうに巧みな比喩で表現し、なおかつ「無我」にもかかわらず、輪廻が成立するゆえんをうまく語った点が、高い評価を得たからでした。

『ミリンダ王の問い』という仏典は、タイトルにあるとおり、ミリンダ王が那先比丘にたいして発した問いと、那先比丘の答えを書きしるしています。仏典のほとんどは、ブッダの説法や説教というかたちをとりますから、けっこう珍しいタイプの仏典です。

ミリンダ王は実在の人物で、ほんとうはメナンドロスという名のギリシア人です。かれは、現在のアフガニスタンからパキスタン西部に連なるヒンドゥークシュ山脈の東側に建国されたインド・グリーク朝、つまりアレクサンドロス大王の東征以降、インドに進出したギリシア人を支配者とする王朝の王で、紀元前一五五～一三〇年ころに在位していました。『ミリンダ王の問い』には、王が一九種類もの学問や技術を修得していたと書かれていますから、知的ですこぶる聡明な人物だったのでしょう。

この当時、王国は全盛時代をむかえ、現在のインド西北部にまで勢力を拡大していたのです。おそらくその過程で、仏教僧の那先比丘と出会い、ひごろ疑問におもっていたことを、いろいろ尋ねたのでしょう。なお、那先はナーガセーナの漢字表記です。したがって、『ミリンダ王の問い』『那先比丘経』は、ギリシア人のメナンドロス王とインドの仏教僧ナーガセーナの、いわば問答集にほかなりません。

『ミリンダ王の問い』の現代語訳には、中村元・早島鏡正訳本（一九六三　平凡社・東洋文庫）と大地原豊訳本（一九六九　中央公論社『世界の名著』1バラモン教典・原始仏典）があります。中村元・早島鏡正訳本はこの仏典の全訳であるのにたいし、大地原豊訳本は原初からあったと推測されている部分だけを翻訳しています。

この二つの訳本を比べると、中村元・早島鏡正訳本のほうが、はるかにこなれた日本語になっています。いっぽう、大地原豊訳本は、この訳者独特の訳語がつかわれていて、生硬な感じが否めません。しかし、そういう生硬な訳語が、かえって理解につながる場合もありえます。大幅に増補される前の、原初のかたちをのこしている点も重要です。そこで、以下では、大地原豊訳本から必要とおもわれる箇所を引用し、難解な訳語が登場する箇所では、中村元・早島鏡正訳本を参照して、できるかぎりわかりやすい方向をめざします。

## あるのは名辞のみ

まず最初の節は「存在なくして名辞あり」と題され、ミリンダ王からナーガセーナに向けて発せられた「あなたは名をなんと仰せか」という問いかけから始まります。さらに、ミリンダ王は「爪が、歯が、皮膚が、筋が、骨が、骨髄が、腎臓が、心臓が、…………小便が、頭蓋のなかの脳髄が、ナーガセーナですか」と問います。

王の問いはまだつづきます。「（生体発現を規定する五組成要因のいずれかが、すなわち）様態（ルーパ）が、感受（ヴェーダナー）が、知覚（サンニャー）が、表象（サンカーラ）が、認識（ヴィンニャーナ）が、ナーガセーナなのですか」と。

ここで、「五組成要因」と訳されている言葉は、通常は「五蘊」と訳されています。同じように、「様態・感受・知覚・表象・認識」と訳されている言葉は、通常は「色・受・想・行・識」と訳されています。

ともあれ、これらの問いに、ナーガセーナはつねに「そうではありませぬ」と、否定をつらねます。王から「様態・感受・知覚・表象・認識とは別に、ナーガセーナがあるというわけですか」と問われたときも、ナーガセーナは「そうではありませぬ」と否定します。

ようするに、「我」はどこにもないという、ブッダ以来の主張をくりかえすのです。そして、結論にあたる箇所では、

部分を寄せて合わすとき
これよりたとえば車という
（五つの）組成要因あるところ
ここにはじめて生物という

世上の通念が生じます。

という偈（詩句）を引用して、メナンドロス王の疑念をはらし、王から讃歎されて話を終えます。

## 変化の根底にある同一性

輪廻の主体を考えるうえで重要なのは、むしろ「変化の根底にある同一性」と題された次節です。

この節は、メナンドロス王から発せられた「ナーガセーナ先生、（甲が乙になるという場合に、）生起しきたるもの（乙）は、（先行してあった、そしていまや消滅し去る甲と）同一のものなのでしょうか、それとも別のものなのでしょうか」という問いから始まります。王の問いにたいし、ナーガセーナは「同一でもなければ別ものでもありません」と答えます。そして、さまざまなたとえ話を駆使して、仏教における輪廻の主体について説いていきます。

たとえ話のなかでもっとも有名なのは「燈火のたとえ」と「牛乳のたとえ」です。まず、「燈火のたとえ」はこういう話です。

（ナーガセーナ）「たとえばでございます、大王どの、とある男が燈火に火を点ずるとしますれば、その燈火は終夜あかりを放つこととなりましょうか」

（メナンドロス）「そりゃもう、先生、終夜あかりを放ちましょうとも」

「では、大王どの、初更時の炎は（そのまま）深更時の炎でございましょうか」

「いや、先生、そうではありませぬ」

「では、大王どの、初更時に燈火であったもの、深更時における燈火、末更時における燈火、それらはそれぞれ別々のものでございましょうか」

「いや、先生、そうではありませぬ。（燈火は）終夜、同一（の基）体に依拠して発光した（のでして、したがって各段階の燈火相互は、即時的には同一でないにせよ、完全に別ものとはみなしえない）、というわけです」


このあとで、ナーガセーナは抽象性の高い哲学論議をくりひろげるのですが、わかりやすいとはとてもいえないので、省略して、「牛乳のたとえ」をご紹介します。ちなみに、引用文に登場する凝乳はヨーグルト、生乳酪は生バター、生乳油はチーズを、おのおの意味しているようです。

（ナーガセーナ）「たとえばでございます、大王どの──牛乳がしぼられ、それが時のたつうちに凝乳に転化し、（さらに）凝乳から生乳酪、生乳酪から生乳油に転化する──」といたしましょう。この際に、大王どの、もしも『牛乳は、すなわち凝乳、すなわち生乳酪、すなわち生乳油にほかならぬ』といったいい方をする男がありますれば、大王どの、かような口をきく当人は、はたして言辞適切と申せましょうか」

（メナンドロス）「いや、先生、そうではありませぬ。（牛乳は）同一の（の基）体に依拠して生成をとげた（のであり、したがって生成の各段階を代表する物品相互は、完全に別ものではないにしても、即時的には同一とはみなしえない）、というわけです」

じつは、このたとえ話のあとでも、ナーガセーナは「燈火のたとえ」のあととよく似た哲学論議を展開しますが、これもまた厄介な内容なので、省略します。

## 輪廻の主体はなにか

「燈火のたとえ」と「牛乳のたとえ」をご紹介したときに、そのあとに展開される難解な哲学論議を省略したのは、この課題が次の節で、「汝の行為は汝を追う」というタイトルのもとに、もっとずっと本格的に論じられるからです。

この節は、やはりメナンドロス王の問いから始まります。

この部分の翻訳は、たとえば「改組・回帰」とか「現象的個体」というように、この訳者しかつかっていない特殊な訳語が登場するために、ひじょうにわかりにくくなっています。もちろん、こういう訳語が登場するのはそれなりの理由があります。

「改組・回帰」は、訳者の注釈によれば、ただたんに「転生」するのではなく、その背後に「諸要素の組み替え」が含意されているので、「改組・回帰」という生硬な合成語にせざるをえなかったそうです。ちなみに、中村元・早島鏡正訳本では、あっさりと「次の世に生まれかわる」と訳されています。

また、「現象的個体」の原語はナーマ・ルーパですから、すなおに訳せば、「名称と形態（様態）」になります。この「名称と形態」は、中村元・早島鏡正訳『ミリンダ王の問い』に付せられた解説によれば、「名称」は五蘊のうちの「受想行識」に相当します。同じく、「形態」は「色」に相当し、さらにいえば、「身体」に相当すると書かれています。『ミリンダ王の問い』が編纂されたころは、まだ「五蘊」という体系が成立していなかったので、「名称と形態」と表現されたとも指摘されています。中村元・早島鏡正訳本では、「名称・形態」と訳されています。

以上を考え合わせると、大地原豊訳本の「現象的個体」という訳語には無理があり、あまり良いとはおもえません。そこで、ここでは「現象的個体」を、中村元・早島鏡正訳にならって「名称と形態」に変えた訳を、以下に引用します。

「ナーガセーナ先生、（輪廻転生とは、何かあるものが、一の生から他の生へと、そのつどに自己の編成を組みかえては現象界に回帰して、解脱という窮極の安定には達しえないことを申すのでしょうが、さて、この場合に）改組・回帰していく（当の）ものは（そもそもいったい）何ものでしょうか」

長老は（答えて）いう──。

「大王どの、改組・回帰していきますものは、名称と形態にほかなりませぬ」──と。

「（それでは、ミリンダという名称と王者という形態とを帯びるそれがし、といったような）いま現にある名称と形態が、その（同一性を保持した）ままで、改組・回帰していくのでありましょうか」

「いや、大王どの、いま現にある名称と形態がそのまま改組・回帰するのではございませぬ。そうではなくて、大王どの、われらが、いま現にある名称と形態の相において、善なり悪なりの行為を営みますれば、その行為（が改組の過程に介入することになりまして、これ）に応じて、改組（が行われた結果、現象界に）回帰してくるのは、（いま現にあるのとは）別の名称と形態なのでございます」

「先生、いま現にある名称と形態がそのまま改組・回帰するのではない、（改組・回帰してくるのはそれとは別の名称と形態である、）というのでしたら、（前者にかかわる行為が後者の組成をどのように規定しましょうと、要するにわれらは後者と無関係なのでありますます以上、この世で営むさまざまな）悪行（の応報）に将来われらは冒されずにすむ、ということになりはせぬでしょうか」

長老は（答えて）いう――

「改組・回帰（の過程がもはや生起）しないのでしたら、悪行（の応報）に将来われらは冒されずにすむ、ということになるでありましょうが、大王どの、われらは（一の名称と形態から他の名称と形態へと）改組・回帰していくのでありますます以上は、悪行（の応報）に冒されずにすむ、というわけには参りませぬ」

## 五蘊相続説

ここまでが、いわば理論的な領域の話で、以後はまたたとえ話がつづきます。しかし、この部分にかぎっていえば、いま引用した理論編のほうが重要なので、たとえ話は省略します。

ここで論議の対象にされているのは、輪廻の主体、ならびに善因善果悪因悪果という応報のしましょう。

構造です。このうち、後者の問題はいまはさておくとして、輪廻の主体にまつわる論議に集中

「輪廻の主体は何か」というメナンドロスの問いにたいし、ナーガセーナは「名称と形態」だと答えます。しかも、その「名称と形態」は生前の「名称と形態」そのままではありません。生前の「行為」によって改組された、別の「名称と形態」なのだと主張します。「名称と形態」はやや時代がすすめば、「五蘊」という概念に一括されますから、輪廻の主体は「五蘊」という結論になります。いいかえれば、輪廻とは五蘊の相続にほかならないのです。

事実、部派仏教の上座部仏教や説一切有部、あるいは大乗仏教の中観派など、厳格な無我説を主張する学派は、この五蘊相続説を採用してきました。現代のテーラワーダ仏教も、同じく厳格な五蘊相続説を主張しています。

五蘊相続説の場合、個別の人間もしくは一個の人格とは、五蘊の集合体にほかなりません。ということは、あるのは五蘊だけであって、自我はどこをさがしても見当たらないことになります。ですから、もし、自我とか霊魂とかいうのであれば、それは五蘊の集合のうえに仮構された虚像にすぎないことになります。つまり、五蘊相続説は、自我も霊魂もみとめないのです。

また、すでにお気づきの方があるとおもいますが、同じインド生まれの宗教でありながら、バラモン教やヒンドゥー教とちがって、仏教では霊魂と身体というような、二分法にもとづく

論の立て方をしませんでした。つまり、身体は消滅しても、霊魂は残って、永遠に輪廻するという発想がなかったのです。もし仮に、仏教がそのような論法を採用したならば、五蘊のうち、色は消滅しても、受想行識は残って、永遠に輪廻すると主張したはずです。しかし、そういうことは、少なくとも正統派の仏教では起こりませんでした。

もっとも、後世になると、インドでも、そしてチベットや日本でも、消滅する身体にたいし、永遠不滅の霊魂的な存在をみとめる傾向があらわれ、大きな勢力になりました。この件については、あとでふれます。

## 業は急に止まれない

もう一つ、注目すべき点があります。それは、「名称と形態」とか「五蘊」という輪廻の主体に組みかえをうながす原因は、いったいなにか、という点です。この問いにたいする答えは、悪行であれ、善行であれ、「行為」にほかなりません。したがって、輪廻を考えるとき、わたしたちにとってもっとも重視すべき課題は、行為になります。

行為が輪廻に決定的な影響をあたえるという発想は、なにも仏教の専売特許ではなく、ウパニシャッドに登場してきます。ウパニシャッドでは永遠不滅のアートマンが実在するという前提になっていましたから、行為がアートマンに直接はたらきかけ、組みかえをうながすとみなされました。この考え方は単純明快で、わかりやすいといえます。

ところが、五蘊相続説ではそうはいきません。行為が五蘊という輪廻の主体に組みかえをうながすときの、仕組みというか、メカニズムというか、とにかくどういうプロセスをへて、組みかえが起こるのか、説明するのがとても難しいのです。現に、この課題に、五蘊相続説を主張する学派は、文字どおり、四苦八苦することになります。

歴史上、いろいろな説明の方法が試みられましたが、いちばん成功したのが、行為には勢いがあって、その勢いが五蘊の組みかえをうながすという考え方でした。それはこういう説明の仕方です。

ひとが寿命を終えて、死にます。すると、そのひとの物質的な要素、つまり肉体は短期間のうちに消滅してしまいます。しかし、そのひとが生前にいとなんだ行為は、勢いがついているので、そう簡単には消滅しません。そして、その勢いが五蘊に影響をおよぼして組みかえがうながされ、次の生に決定的な影響をあたえるというわけです。

この場合の勢いは、物理学で勉強する「慣性の法則」になぞらえることができます。ようするに、生前の行為が、慣性の法則にしたがって、死後にものこってしまい、次の生へ影響するとみなすのです。

そういえば、かつて「交通安全スローガン」として募集され、昭和四二年（一九七六）に、こども部門で内閣総理大臣賞を受けた「とび出すな　車は急に止まれない」というスローガン、今流にいえばキャッチ・コピーがありました。行為は仏教の伝統的な用語では「業」とよばれます。ですから、少しふざけた表現をゆるしていただけば、「気をつけよう　業は急に止まれない」といってもかまわないでしょう。

仏教の歴史をふりかえるとき、生前の行為いかんによって、次の生が決まるという法則めいた発想が、すなわち善因善果・悪因悪果という発想が、後世の仏教徒たちにとって、倫理の源泉になってきたことは、歴然たる事実です。それをおもえば、「気をつけよう　業は急に止まれない」というキャッチ・コピーは、的外れではないとおもいます。

ただし、この業にまつわる論理は、ときとして、悲惨な現状は前世の業のせいだという解釈をみちびきだし、理不尽な差別を肯定してしまう理屈としても、まままつかわれました。この事実をけっして忘れてはなりません。

## プドガラ

「プドガラ」という言葉をご存じでしょうか。「プドガラ」はサンスクリットで、パーリ語では「プッガラ」といいます。漢字では音訳されて、「補特伽羅《ふとがら》」と表記されます。

意味は宗教によって、複数ありました。初期ジャイナ教では、分子の最小単位、つまりギリシア哲学の「原子」を意味していました。しかし、初期仏教では「ひと」という意味でつかわれていました。やがて、「プドガラ＝ひと」を輪廻の主体と考える学派があらわれたのです。

その学派を犢子部《とくしぶ》（ヴァーチープトリーヤ）といいます。ブッダが入滅したのち、その教えをめぐって見解の対立が生じ、仏教教団は二〇もの学派に分裂しました。これが、いわゆる部派仏教です。犢子部もそのなかの一つで、厳格な無我説を主張する説一切有部《せついっさいうぶ》から分かれた一派でした。

部派のなかでもきわめて有力な学派だったらしく、その影響力は甚大でした。犢子部は後世になるとさらに分派して、正量部《しょうりょうぶ》という学派を形成しますが、この正量部は、七世紀にインドに留学した三蔵法師こと玄奘の『大唐西域記』に、いわゆる小乗仏教に属す出家僧の半数を擁して、最大の勢力を誇っていたと書かれています。

ということは、プドガラこそ輪廻の主体という、犢子部や正量部の学説は、インドの仏教界において、すこぶる有力だったことになります。それは、プドガラを輪廻の主体とみなす説にたいし、小乗仏教と大乗仏教とを問わず、熾烈な批判が長い期間にわたりくりかえされたことからも、よくわかります。

ようするに、厳格な無我説では輪廻を説明しがたいと考える人々が少なからずいたのです。

また、無我を強調すると、では悟りを求めて修行しているのは、いったい誰なのか、という根源的な疑問が出てきます。そして、その「我」もないと断じられると、困ってしまいます。やはり、なんらかの人格的な主体を想定せざるをえないのではないか。

なにもかも否定してしまう態度にたいしては、他の宗教から、仏教は虚無論だ、ニヒリズムだ、という非難もされていたようです。インドにかぎらず、世界中の宗教において、虚無論やニヒリズムは、最悪の態度として、目のかたきにされるのがつねでした。

そういう疑問や非難を背景に登場したのが、プドガラだったとおもわれます。では、「プドガラ＝ひと」の正体は何だったのでしょうか。世親（ヴァスバンドゥ）は著書の『倶舎論《くしゃろん》』第九章の「破我論」において、プドガラ説を批判するにあたり、プドガラの正体を「幼児から成長し、知識や技術を身につけ、何らかの職業に就き、やがて老いて、死んでいくものであり、『この人がこうなったのだ』と同定できる根拠」と定義しています。

この定義によれば、プドガラは変化しつつ、なおかつ同一性をたもっています。また、認識の主体かどうかは判然としませんが、記憶の担い手であることはたしかなようです。記憶の担い手であり、同一性をたもつ点ではアートマンと同じですが、変化する点ではまったく異なります。

さらに犢子部にいわせれば、プドガラは、因果関係とは無縁で永遠に存在する事象（無為法）でもなければ、因果関係によって生み出され一時的に存在する事象（有為法）でもありません。また、色受想行識から構成される五蘊と不即不離の関係にあります。すなわち、五蘊がなければ、プドガラもないのです。しかも、五蘊とプドガラは、同じであるとも、異なるとも、いえないと主張します。この、いわばどっちつかずの論法は、ブッダ以来、仏教ではしきりにつかわれますが、正直言って詭弁めいていて、なかなか理解できません。

そこでつかわれたのが「火と薪」のたとえです。この場合、薪が五蘊で、火がプドガラです。薪がなければ、火はつきませんし、燃えつづけることはできません。同じように、五蘊がなければ、プドガラは生じませんし、存続できません。

さらに、五蘊という薪があるからこそ、プドガラという火は燃えつづけ、薪である五蘊がなくなれば、火であるプドガラも消え去る。同じように、五蘊が尽きれば、プドガラも尽きて、涅槃に至るという論法です。

このたとえはたしかによくできています。アートマンのような永遠不滅の実体を否定しつつ、いま起こっている現象の主体をじょうずに説明していて、かなりの説得力があります。ですから、プドガラ説を主張する犢子部や正量部が大きな勢力をたもてた理由も、わからなくはありません。

プドガラ説にたいする批判は、いくつかの方向からおこなわれました。たとえば、プドガラはつまるところ、アートマンにほかならないではないか、アートマンを認めるなら、それは仏教ではない、という批判です。また、無為法でもなく有為法でもないというのであれば、プドガラはつまるところ単なる観念、すなわち頭のなかで構想された抽象的な存在であって、リアリティが全然ない、という批判もされました。

もちろん、犢子部や正量部からは、批判にたいする反論がおこなわれました。この論争は、インド仏教思想史における最初の本格的な教義論争となったのでした。結局、プドガラ説は正統な教義という地位をえられませんでしたが、にもかかわらずプドガラ説はインド仏教が滅亡するまで、しぶとく命脈をたもちつづけました。それほど、この説はインド仏教に大きな影響をあたえたのです。

## 如来蔵

プドガラ説と同様に、インド仏教界では正統な教義という地位をえられなかったものの、後世に大きな影響をあたえた学説に「如来蔵」があります。「如来蔵（タターガタ・ガルバ）」は「仏性（ブッダ・ダートゥ）」ともよばれ、日本仏教では仏性のほうが通りがよいようです。

この説は、大乗仏典の『涅槃経』に登場します。なお、『涅槃経』は、そのタイトルのとおり、ブッダの涅槃、すなわちブッダが旅先で病んだはてに、死にいたるいきさつを語りますが、二つの系統があります。一つは初期仏典ないし原始仏典の『大般涅槃経』で、現代語訳が中村元訳『ブッダ最後の旅—大パリニッバーナ経』（岩波文庫）というタイトルで出版されていま す。もう一つは大乗仏典の『涅槃経』で、田上太秀訳『ブッダ臨終の説法—完訳大般涅槃経』（大蔵出版）というタイトルで出版されています。今回、とりあげるのは大乗仏典のほうの『涅槃経』で、本格的な研究書としては、下田正弘『涅槃経の研究』（春秋社）という大著があります。

「如来蔵」という言葉は、立川武蔵先生によれば、意味は一つではなく、厄介なことに三つもあります（『ブッダから、ほとけへ』岩波書店）。

①如来の胎児こそ衆生である。いいかえれば、わたしたちはブッダの弟子だという意味です。

②如来を胎児として宿す者こそ衆生である。いいかえれば、わたしたちは、女性がその子宮に胎児をはらむように、将来、如来になるであろう胎児を宿しているという意味です。

③如来を根底として有する者こそ衆生である。この場合、如来はもはや胎児ではなく、すでに如来として完成された存在を意味しています。そして、ガルバはわたしたちをささえる根底もしくは基盤を意味しています。

③の「如来蔵」については、宇井伯寿先生が「衆生は仏性中の一海瀾にすぎずとなすのが真の意味に達しているのである」（『仏教汎論』）と述べています。つまり、「衆生は、仏性＝如来蔵という大海原から飛び散る小さなしぶきにすぎない」というのです。この解釈では、わたし

たちは、如来蔵という無限の大きさをもつ根底もしくは基盤から生まれ出て、ごく短い時間だけこの世にあり、すぐまたもとの根底もしくは基盤にもどっていくというイメージになります。

これらのうち、①と②は、仏教の原則に照らして、妥当と考えられます。しかし、③は大問題です。なぜなら、③はアートマン（我）の存在を是認しているからです。

現に、さきにあげた下田正弘先生の研究書によれば、如来蔵はアートマンとイコールの関係にあり、わたしたちの内部に存在しています。ただし、ふつうは煩悩におおわれているので、認識できません。したがって、修行を積んで、障害となっている煩悩を、伝統的な用語でいうなら「客塵煩悩」を、きれいさっぱりぬぐい去れば、如来蔵＝アートマンが輝き出し、悟りの境地にいたるというわけです。

さらに、下田正弘先生の指摘によれば、同じアートマンでも、仏とイコールの関係にあるアートマンと、わたしたちの内部に存在し、如来蔵とイコールの関係にあるアートマンの、二種類があります。前者がわたしたちの輪廻とは関係がないのにたいし、後者は輪廻の主体そのものにほかならないというのです。

また、「仏性」にも二つの解釈が可能です。なぜなら、「性（ダートゥ）」という言葉が「性質」という意味と「性質をもつもの」という意味をもつからです。

①あるものに仏性がある。

②あるものは仏性である。

よく考えてみると、この二つの解釈のあいだには大きな差があります。ところが、ふしぎなことに、仏教の歴史では、二つの意味や解釈をとりたててあげつらってきませんでした。というより、むしろ意識的に両者の違いをなくそうとしてきたようなのです。

かくして、如来蔵も仏性も、さまざまな意味をもたされる結果となりました。わたしたちがインド仏教の重要な考え方や教義をあきらかにしようとつとめても、なかなかうまくいかない理由の一端は、こういう特殊な事情にもとめられます。

いずれにせよ、大乗仏典のほうの『涅槃経』は、「一切衆生　悉有仏性　如来常住　無有変易」という表現をもちいて、わたしたちの内部に存在する如来蔵・仏性＝アートマンは、真実にして、常住であり、輪廻の主体であると説いているのです。こうなると、ウパニシャッドに説かれるアートマンにそっくりです。

ですから、無我説を主張する学派から、まるでバラモン教ではないか、ときびしく批判されました。現在でも、無我説こそ真の仏説とみなす研究者からは、「如来蔵思想は仏教にあらず」と断罪されています。

しかし、そのいっぽうで、すべての衆生に如来となる可能性が宿っているという、如来蔵の考え方は、無視できません。とりわけ、多くの人々に仏教をひろめていくうえで、この考え方はきわめて有効です。仏教にまつわる高度な素養をもたない人々にむかって、無我説を正しく、しかもわかりやすく説明することは、すこぶるむずかしく、なかなか理解してもらえないのが実状だからです。

そもそも、ウパニシャッド的なアートマンにたいし、ブッダがどう考えていたのか、をとりあげた項でみたとおり、無我説が絶対とはいい切れないのです。この点は、じゅうじゅう留意しておかなければなりません。

## アーラヤ識

大乗仏教が展開を遂げる過程で、中観派と唯識派という、二大学派が登場し、たがいに激しい論争をくりひろげたことは、よく知られています。

二大学派のうち、龍樹（ナーガールジュナ　一五〇〜二五〇ころ）を祖とする中観派は、厳格な無我説を主張しました。もっとも、中観派にしても唯識派にしても、その学説は時代とともにかなり大きく変容したので、学術の領域では初期・中期・後期に分けて論じるのが常識ですが、少なくとも龍樹やその弟子とされる提婆（アーリヤデーヴァ　一七〇〜二七〇ころ）の段階において、厳格な無我説を主張していたのはたしかです。

般若経にもとづいて、龍樹や提婆がとなえた「空」の理論によれば、輪廻の主体を論じることなど、まったく無意味という話になります。なぜなら、五蘊も空、輪廻もまた空だからです。すなわち、五蘊も輪廻も、わたしたちが「ある」と誤認識しているにすぎず、ほんとうは実在していないと初期中観派はみなしたのです。

そういう中観派にたいし、弥勒（マイトレーヤ　二七〇〜三五〇ころ）や世親（ヴァスバンドゥ　三二〇〜四〇〇ころ）の属していた唯識派は「唯識」と称するように、「識だけ」は実在すると主張しました。もう少し丁寧にいうと、実在しているのは意識もしくは心だけであって、ほかのいっさいがっさいは、意識や心が映し出した虚像にすぎないと考えたのです。

このように、唯識派は意識や心の実在を主張したために、意識や心の構造を、できるかぎり正確かつ精密に把握しようとこころみました。また、そのために、知覚作用の分析や推論方法を開発する必要性から、論理学の構築になみなみならぬ努力をそそぎました。ちなみに、古代文明のうち、論理学がはぐくまれたのはギリシアとインドだけで、他の文明では論理学のような緻密な思考回路は生まれませんでした。

さらに、唯識派は「刹那滅」という考え方を、重要な教義として採用しました。これは、仏教がよく説く「無常観」の、いかにもインド的な解釈です。この世のありとあらゆる存在は刹那に、すなわち瞬時瞬時に、生まれては滅すると考えるのです。わたしたちの感覚器官に、現に存在すると認識されている事物が、じつは存在していないという真理を説明するためにあみだされた論法で、一秒間に二四こまの画像を連続的に映すと、残像の作用によって、わたしたちの眼にはなめらかにつながって見えることを利用して映画がつくられているのと、よく似た発想です。この種の発想は唯識派が誕生する前からあったようですが、積極的に主張したのは唯識派だったと指摘されています。

世親は唯識派の理論を確立させた著書の『唯識三十頌』において、世界を八つの認識から構成される複合体として説明しました。アーラヤ識・マナ識・(眼耳鼻舌身意の)六識です。この場合、アーラヤ識が根底に位置し、そのうえに他の七つの識がのっている構造が想定されています。この位置関係から、アーラヤ識は第八識ともよばれます。

マナ識の「マナ」は、思惟活動を意味するサンスクリットのマナスにゆらいし、上から数えて七番目に位置しているので、第七識ともよばれます。アーラヤ識を原因として生じ、その内実は深層にひそむ自我意識であり、煩悩や知覚や惑乱などとむすびついています。

アーラヤ識の「アーラヤ」とは「蔵」とか「貯蔵庫」という意味です。したがって、アーラヤ識は「蔵識」ともよばれます。やや余談めきますが、チベットとインドのあいだにそびえる世界最大の山脈ヒマラヤは、「ヒマ(雪)」と「アーラヤ(蔵)」からなる複合語で、そのまま直訳すれば、「雪蔵」になります。かつて、ヒマラヤ高原が雪蔵高原とも表記されたのは、ここにゆらいします。

唯識派の影響をうけて成立した『入楞伽経《にゅうりょうがきょう》』には、「(輪廻する主体は)アーラヤ識と名付けられた如来蔵」と書かれています。すでに見てきたとおり、如来蔵はアートマンとイコールの関係にありました。その如来蔵とアーラヤ識がイコールの関係にあるというのであれば、アーラヤ識はアートマンとイコールの関係になります。しかし、唯識派も仏教の学派であり、いちおうたてまえとしては無我説を採用していたので、アーラヤ識とアートマンがまったく同じものとは認めたくなかったようです。

そうはいっても、唯識派の考え方をみるかぎり、アーラヤ識こそ輪廻の主体であり、同時に輪廻の動力因とみなさざるをえません。なぜなら、『唯識三十頌』に「恒に転ずること暴流のごとし」と形容されるように、アーラヤ識が瞬時瞬時に生滅をくりかえしながら相続して、生をつくりあげ、その生のあいだに蓄積された業(行為)、とりわけ煩悩の影響力(習気《じっけ》)が、あたかも残り香のようにはたらき、外界あるいは環境の影響もうけて、新たなアーラヤ識の相続としてあらわれる別の生を実現させると説明するからです。となれば、アーラヤ識とアートマンはイコールの関係でむすばれると考えたほうが、無理がありません。

なお、アーラヤ識は、水と乳の混ざり合ったものにたとえられるとおり、清浄な要素と汚濁にまみれた要素が混合された意識と考えられてきました。したがって、アーラヤ識は悟りへの原動力ともなれば、迷界に輪廻する原動力ともなるという結論がみちびきだされてくるのです。

## インド密教の「大我」

紀元後五〜六世紀ころ、大乗仏教のなかから密教が登場してきます。この時期になると、仏教はヒンドゥー教におされがちになり、やがて衰退への道を歩みはじめます。そういう状況にあって、大乗仏教の密教化がすすみ、七世紀から後になると、むしろ密教が、大乗仏教にとどまらず、仏教全体の中核をになうようになっていったようです。

インド密教はその時期によって、いくつかの発展段階が想定されています。日本では三段階説（初期・中期・後期）、チベットでは四段階説（所作《しょさ》タントラ・行《ぎょう》タントラ・瑜伽《ゆが》（ヨーガ）タントラ・無上瑜伽《むじょうゆが》タントラ）です。ただし、日本の中期密教は、チベットの行タントラ・瑜伽タントラにあたるので、実質的な差はあまりありません。

初期密教（五〜六世紀）はまだ未熟な段階で現世利益が中心であり、日本の密教界では内容的に未熟で雑多なことから、「雑密《ぞうみつ》」とも称されました。中期密教＝行タントラ・瑜伽タントラ（七世紀）は、悟りが中心的な課題であり、日本の密教界では、これこそが純粋で最高の密教という評価から、「純密《じゅんみつ》」とも称されました。後期密教＝無上瑜伽タントラ（八〜一〇世紀）は、悟りが中心的な課題である点は同じですが、修行法に性にまつわる身体技法を導入しました。このうち、日本には中期密教までしか伝来していません。

では、後期密教は、なぜ、あえて修行に性行為を導入したのでしょうか。その理由は、大乗仏教にとって悟りそのものともいえる「空」の境地は、至高の快楽として体得できるという理論にもとめられます。もちろん、修行への性行為の導入は、戒律に抵触します。こののち、後期密教は、悟りと戒律のジレンマに悩まされ、その解決はインドでは結局なしえず、後期密教を忠実に継承したチベット密教にゆだねられることとなったのです。

ここまで、インド仏教の大半は、ほんとうのところはともかく、たてまえとしては無我説を主張してきた事実をみてきました。如来蔵やアーラヤ識に典型例をみるとおり、実際にはそうであっても、輪廻の主体がウパニシャッド的なアートマンといわれることを、ひどく嫌っていたのです。

しかし、密教は中期密教ないし行タントラ・瑜伽タントラの段階にいたると、それまでの無我説を放棄し、かわりに「大我《だいが》」を主張することになります。密教研究の泰斗であった宮坂宥勝先生は、まず「密教では、その立場において無我ではなく大我を説いているのであって、それは極めてウパニシャッド的な表現であるといわなければならない」と述べたうえで、さらに「梵我一如《ぼんがいちにょ》と入我我入《にゅうががにゅう》」という項で、こうつづけます。

ウパニシャッドの大命題「梵我一如」は「われはブラフマンである」「それ（＝ブラフ

マン）は汝である」などと表現される。密教の「入我我入」はまさしく「梵我一如」の神秘的合一のそれである。

大乗仏教には一切衆生悉有仏性の仏性論あるいは如来蔵説があって成仏の可能性が説かれるに止まる。然るに密教では理談の仏性論ではなく実践的な成仏論があり、成仏の実現をめざす。成仏の理念は我即大日であり、実践は入我我入である。後期密教ではユガナッダがこれに相当する。

（『インド学　密教学論考』所収「インド哲学思想と宗教」法蔵館）

密教独特の難解な用語がでてきたので、説明します。

「大我（マハー・アートマン）」は、宮坂先生によれば、『シュヴェーターシュヴァタラ・ウパニシャッド』や『カタ・ウパニシャッド』、あるいは大叙事詩の『マハーバーラタ』などに登場するそうです。そして、七世紀の中ころに活動したバラモン教の宗教哲学者ガウダパーダが書いた『マーンドゥーキヤ・カーリカー』という哲学詩では、大我は虚空にたとえられているそうです。仏教でも、唯識派の弥勒・無著・世親によって、大乗仏教の優越性と実践方法について書かれた『大乗荘厳経論』に「無我性よって浄らかな空性において道を得た諸仏は、浄らかな我を得たから、その我は大我性に到達した」という記述があり、注には「大我性とは最高我」と解説されています。

以上の説明からおわかりのように、「大我」は「最高の我」であり「真の我」を意味することが想像できます。重要なのは、「大我」は否定の対象ではなく、それどころかもとめるべき対象に設定されている点です。いちいち指摘していたのではわずらわしすぎるので、はぶかせていただきますが、そのほかにも、密教経典や注釈書には、「自身成大我」とか「大我者仏之別名也」とか「大我者即是如来」という文言があまた出てきます。

「入我我入、ユガナッダ」は密教がめざす究竟の境地であり、同時にそれを実現するための修行法でもあります。簡単にいえば、究極の存在、あるいは絶対者と我との合一にほかなりません。問題は、果たして何が我に入り、何に我が入るのか、です。その答えは、たとえば中期密教であれば、大宇宙の真理そのものとみなされる大日如来が、我のなかに入り、我が大日如来のなかに入るのです。

これは、文字どおり、「梵我一如」の仏教版にほかなりません。梵が我に入り、我が梵に入るのです。結果として、梵と我とは融合し一体化して、その区別は付かなくなります。密教界の伝統的な用語でいえば、「自身即如来身」、あるいはもっと端的に「我即本尊」の状態です。それこそが、密教がもとめてやまない究極の境地であり、悟りそのものなのです。

こうしてみると、密教は堂々と「我」の存在をみとめていた事実が判明します。すでにふれたとおり、末期のインド仏教は密教が中心だった可能性があるようです。とすれば、インド仏教全体が、無我説から有我説へと、大きく舵を切ったともいえるかもしれません。

## インド仏教の結論

以上、輪廻をブッダは説いたのか、という問いからはじまって、もし仮に輪廻をみとめるとすれば、いったい何が輪廻の主体なのか、という課題を、桂紹隆先生の「インド仏教思想史における大乗仏教―無と有の対論」を手がかりに、最近の研究動向を加味しながら考えてきました。この課題は、ここまでみてきたように、ひじょうに複雑で、簡単には答えられないというのが実感です。しかし、日本の近代仏教学において、宇井伯寿先生にはじまる無我説が、必ずしもインド仏教の定説ではなかった事実は、かなりあきらかになりました。

桂紹隆先生ご自身は、論考の最後にこう述べています。

最初期の仏教に関する限り、ブッダはアートマンがあるのでもなくないのでもない、という「無記」の立場を取ったと考えられる。その伝統は龍樹や世親という代表的な仏教学者によっても維持されていた。しかし、部派仏教時代に入って、人格主体の有無が論争されるようになると、仏教内部に厳格な無我説をとる伝統と何らかの人格主体の存在を認める伝統とが、互いに論争しながらも共存していたのであろう。この対立関係がインド仏教思想史の大きな枠組みを形成した、と筆者は考えるものである。したがって、単に無我説だけが「仏説」であるという主張を承認するものではない。

この結論はきわめて妥当です。

じつは、いま引用した文章にさきだって、桂紹隆先生は「かつて、末木文美士は今日の日本仏教を理解する視点として、『無我の立場をとる考え方』と『霊魂を認めていく立場』とがある、と論じている」と述べています。たしかに、末木文美士先生の指摘はとても重要です。

この章のはじめに、「伝統宗派の多くは、この課題（死後世界や死後世界におもむく主体）にたいして曖昧な態度をとりつづけています。たとえば、ごく最近の調査研究によれば、死後に霊魂が存在することを認めているのは、高野山真言宗と日蓮宗しかないようです」と書きました。そして、その原因の一端が、一九三〇年前後に、東京大学の宇井伯寿教授が、「無我説」を主張し、かつ「無我説」とは「我がない」という意味であり、「我」は霊魂を意味しているので、「無我説」はすなわち霊魂の否定であると主張したことにもとめられるとも書きました。

しかし、「無我説」だけが「仏説」とはいえない、というのであれば、末木文美士先生が論じたように、伝統仏教界にみられる「霊魂を認めていく立場」にも、たしかな論拠が提供されることになります。この点は、「無我説」に翻弄されてきた結果、衰退をよぎなくされた伝統仏教の現状を考えるとき、いくら強調しても、強調しすぎることはないとおもわれます。

さらに、初期仏典ないし原始仏典はさておき、大乗仏典のなかで無我説を主張するのは初期般若経のたぐいくらいしかないという指摘があります。そういわれてみると、たしかに初期大乗仏典を代表する『阿弥陀経』も『法華経』も、無我説ではありません。『阿弥陀経』では極楽へ往生する主体がはっきりしていなければ、話になりません。『法華経』では、釈迦牟尼如来は「久遠実成の本仏」という永遠不滅の存在として、説かれています。ややおくれて成立した『華厳経』は、「法界」という真理の領域が実在することを説いています。

日本仏教が大乗仏教のカテゴリーに入り、しかも『阿弥陀経』や『法華経』や『華厳経』を聖典としてあがめてきた歴史を考えれば、無我説はそもそも無理だったのではないでしょうか。

## チベット仏教の立場

インド大乗仏教の正統な後継者を自任するチベット仏教において、死後世界や死後の存在がどのように考えられてきたのか、見ておくことは無意味ではないでしょう。歴史的な観点からすれば、チベット仏教が、最末期のインド大乗仏教をひじょうに忠実に継承したことはたしかです。

もう少しくわしくいえば、チベット仏教は密教が中心であり、それも八〜一〇世紀に成立した後期密教が、最高の仏教として、受けいれられました。むろん、その後の歴史のなかで、苛酷きわまりない自然環境や政治状況ゆえに、チベット的な変容が少なからず生じたことは、あらためていうまでもありません。この点は、チベット仏教を構成するゲルク派・カギュー派・サキャ派・ニンマ派の、いわゆる四大宗派に共通しています。

ちなみに、チベット仏教の各宗派は、たてまえとしては、中観派の理論を最上とみなし、採用してきました。八世紀にインドからチベットへ、初めて本格的な大乗仏教の理論体系をもたらしたシャーンタラクシタ（七二五ころ〜七八三）やカマラシーラ（七四〇ころ〜七九七）は、以下の四段階説を展開して、中観派の理論がもっとも優れていることを強調しました。

①外界の実在をみとめる説一切有部や経量部の立場
②実在するのは心のみであり、世界は心の表象にすぎないと説く唯識派形象真実論の立場
③心が把握している形象も主客の二分も実在しないと説く唯識派形象虚偽論の立場
④心さえも本性をもたない、すなわち空であると説く中観派の立場

もっとも、この理論をチベット人たちがそっくりそのまま受けいれたかどうかは、いささか疑問です。中観派を標榜しながら、実際には唯識派や如来蔵思想の影響がとても強く、ゲルク派をのぞく他宗派の場合、中観派ゆらいとはとうていいえない教義がそここにみられるから

です。
具体的な例をあげておきましょう。カギュー派の理論をきずきあげたガムポパ（一〇七九〜一一五三）は、その代表作とされる『正法如意宝珠　解脱の宝の荘厳』）の第一章「因の善逝蔵」で、まず「一切の有情には仏の因―如来蔵が有ること」という項を立てたうえで、こう述べています。

では、どういう理由から、有情は仏性〔仏の胎蔵〕を有するものなのかというと、
（一）法身・空性は一切有情に遍満しているから、
（二）そして、法性・真如に差別はないから、
（三）そして、一切の有情に〔その家系〕種姓が有るからです。
よって、三つの理由があるので、有情は仏の胎を内蔵するものなのです。
（ツルティム・ケサン＋藤仲孝司訳『解脱の宝飾』星雲社）

この説明は、まさに絵に描いたような、如来蔵思想です。なお、ここでいう「種姓」とは、①いまは仏教に縁がないが、いつかは仏教を信仰するであろう者、②小乗であれ大乗であれ、仏教を信仰する者と出会って、仏教を信仰するようになる者、③声聞（仏の教えを聞いて悟り

を得るもの）、④独覚（師なしに悟りを得るもの）、⑤大乗の仏教者、の五つのカテゴリーをさしています。

死後世界の有無についていえば、輪廻を疑う見解は存在しません。輪廻はチベット仏教にとって、絶対の前提にほかならないのです。四大宗派のどこも、輪廻の有無に異論をとなえることはありません。

つぎに、なにが輪廻するのか、いいかえれば輪廻の主体はなにか、という課題について、チベット仏教はどう考えてきたのでしょうか。この課題にたいする答えは、「心」ということで、宗派を問わず、決まっています。現代のチベット仏教を代表する人物といっていいダライ・ラマ一四世も、「心が無始よりこのかた途切れることなく存続している」とか「涅槃と輪廻を生み出す原因は何かというとそれは結局、心なのだということです」という言い方で、輪廻の主体が「心」であることを明言しています。

この点は、ツォンカパの数ある著作のなかでも、もっとも重要なものの一つとされる『安立次第の註釈である吉祥秘密集会の要義を明らかにする書』（北村大道＋ツルティム・ケサン共訳　永田文昌堂）に引用されている文言からも証明できます。すなわち、『サンプタ（正相合と名づくる大タントラ）』第三部第四章から引用された「一切法（この世の存在いっさいがっさい）は無我と見られて、外と内のこれらのものは唯心のみとして立てて、心以外には別にない」という文言、もしくは『入中論』から引用された「心こそによって実に有情世間（生命圏）と器世間（自然環境）とが種々に形成され……」という文言などです。

## 心の本質

ただし、「心」とはなにか、ということになると、宗派によって、答えはかなり異なります。たとえば、立川武蔵先生によれば、サキャ派は、「認識の対象として現れたものは心にすぎない」という唯識派的な前提に立ったうえで、「心」には、以下の三つの性質があると主張します（『空の思想史』講談社）。

①心は照（対象を照らす作用を持つもの）である。
②心は空である。
③心は照と空の融合したものである。

こういうぐあいに、「心」に相反する二つの性質があり、なおかつその存在が肯定されるという考え方は、唯識派のアーラヤ識にまつわる理論にそっくりです。

同様の考え方は、チベット仏教のなかでもひときわ密教色の濃いカギュー派にもみられます。カギュー派は諸般の事情から多くの分派を生み出しましたが、なかでも有力な分派を形成したカルマ黒帽派の第三世座主、ランチュン・ドルジェ（一二八四〜一三三八）は、『大印の誓願』

という著作において、こう述べています。

〔心の〕浄化の行われる場であり、照と空の融合した心そのものにおいて、浄化の手段である大印のヨーガにより、浄化の対象である偶然的（非本質的）な誤った〔心の〕汚れが浄化された結果、生じた無垢《むく》の法身《ほっしん》（法そのものを身体とする仏）を体得できますように（同上）

まず、ここにも「心」は「照と空の融合した」ものという認識がみられます。さらに、ランチュン・ドルジェは、修行によって「心の汚れ」が浄化されるならば、永遠不滅の存在である「無垢の法身」が体得できると考えています。この考え方は、修行を積んで、障害となっている煩悩を、伝統的な用語でいうなら「客塵煩悩《きゃくじんぼんのう》」を、きれいさっぱりぬぐい去れば、如来蔵＝アートマンが輝き出し、悟りの境地にいたるという如来蔵思想そのものです。

このように、「心」は永遠不滅という発想は、チベット仏教にとても濃厚です。その一端は、ダライ・ラマの宗派、すなわちゲルク派の開祖であり、チベット仏教史上、最大の天才とされるツォンカパ（一三五七〜一四一九）にも見出せます。かれは中観派の立場をえらびましたから、本来なら、無我説にしたがって、永遠不滅なるものを、なにひとつとして、みとめないはずです。

現に、ツォンカパの衣鉢を継ぐダライ・ラマ一四世は、中観派の教義の最上とする立場から、さきほど述べたとおり、「心」が輪廻を生み出す原因であるといいつつも、「心はどこにも見つからない」（『ダライ・ラマ 般若心経入門』春秋社）という表現をつかって、「心」の実在性を否定しています。

## 不壊の心滴

ところが、ツォンカパは、最高の修行法と評価していた秘密集会《ひみつしゅうえ》タントラ聖者流《しょうじゃ》を解説するにあたり、心臓のチャクラ（霊的な結節点）の中心に、「ミシクパイ・ティクレ（不壊《ふえ》の心《しん》滴《てき》）」とよばれる微細な粒子があると述べています（北村大道＋ツルティム・ケサン共訳 ガワン・パルデン『大秘密四タントラ概論』永田文昌堂）。

「不壊の心滴」とよばれる理由は、そのひとの生涯を通じて不変とみなされているからです。しかも、この微細な粒子のなかには、ひじょうに微細な意識、およびその乗り物とされるこれまたひじょうに微細な風《ふう》（ルン＝生命エネルギー）が入っています。そして、この粒子は、前世から今世へ、今世から来世へと、輪廻するというのです。たしかに、ゲルク派版の『死者の書』には、ひとが死を迎えるとき、通常は眠ったままの状態にあるこの粒子が目覚め、そのなかに含まれる風のはたらきによって、来世へと旅立つと書かれています。そうなると、この「不壊の心滴」は、アートマンの仏教版なのではないか、という思いを禁じえません。

ちなみに、ダライ・ラマ一四世は、ゲルク派からすれば批判の対象であるはずの他宗派の教義や修行法を、あたまから否定はしません。唯識派の教義はもとより、アーラヤ識も如来蔵も、むげには否定しません。その理由は、かれがゲルク派の首座であるとともに、チベット仏教界全体を統括するという立場から、他宗派を無用に刺激するのは得策ではないとおもっているためかもしれませんが、わたしがみるところ、必ずしもそうとは断定できません。

なぜなら、わたしのチベット仏教の師であるツルティム・ケサン先生は、いまや掛け値なく、ゲルク派を代表する世界的な仏教学者ですが、そのツルティム・ケサン先生も、唯識派の教義も、アーラヤ識も如来蔵も、その存在価値をちゃんとみとめているからです。少なくとも、一部の研究者がいうほど、ゲルク派はかたくなではなく、けっこう融通無碍なのです。見方によっては、したたかですらあります。

なるほど、ニンマ派にたいしては、「ニンマ派の僧侶が百人いれば、教えも百通りある」といって、そうとう冷淡な態度をとる場合もあります。にもかかわらず、ダライ・ラマ一四世はそのニンマ派の修行法にほかならないゾクチェン（大《だい》究竟《くきょう》）の解説さえ書いているのです（『ダライ・ラマ ゾクチェン入門』春秋社）。そこには政治的な配慮を超えて、他宗派の良いところは、正当に評価しようという態度がひしひしと感じられます。

まったくの余談ですが、こういう話もあります。チベットにはロランとよばれるゾンビによく似た幽霊がいるそうです。ロランはとても恐ろしく、生きている人間をつかまえて、食ってしまうと考えられています。いつだったか、ツルティム・ケサン先生に、「ひとは死ねば、四九日以内になにか別の生命体に生まれ変わるのだから、幽霊がいるはずがないじゃありませんか」と尋ねたところ、返ってきた答えが傑作で、おもわず笑ってしまいました。先生いわく、「ときにはうまくいかないやつもいる」のだそうです。

いずれにせよ、チベット仏教も、インド仏教がそうであったように、一つの教義や教説で統一できるようにはなっていません。そして、そうなっている理由もまた、認識せざるを得ないのです。

## 中国仏教の霊魂観

ご存じのとおり、日本仏教は中国仏教の影響下に成立し、展開してきました。最初期は朝鮮半島を経由して仏教が伝えられたこともあって、半島の影響も無視できませんが、やがて時代の経過とともに中国から、いわば直輸入されるようになり、半島からの影響は薄れていきました。それよりなにより、朝鮮半島の仏教そのものが中国仏教の絶大な影響下にあったことを考えれば、日本仏教を論じるにあたり、まずもって中国仏教の動向を知っておく必要があります。中国人が仏教をどのように受容したのか、をめぐっては、すでに多くの研究があります。以下でも、それらの研究成果にもとづきながら、話を進めていきますが、一つ大きな問題があります。それはこの領域における従来の研究が、「インド仏教は無我説だ」という前提に立ってきた事実です。

たとえば、「インドで脱却したはずの霊魂不滅に中国の仏教はなおも固執した」という見解がまかりとおってきました。しかし、ここまで述べてきたとおり、実際には「インド仏教は無我説だ」とは断言できないのです。

結論めいたことをいってしまえば、中国仏教は圧倒的に霊魂実在論でした。ですから、「インド仏教は無我説だ」という前提に立つと、中国で仏教は無我説から霊魂実在論へと大転換したようなイメージがついてまわります。しかし、もともとインド仏教が無我説とは限らなかったという最近の研究動向からすれば、中国で仏教は無我説から霊魂実在論へと大転換したとはいえません。

この点は、中国仏教の影響下に成立した日本仏教を考える際にも、とても重要な事実ですので、あらかじめ確認しておきたいとおもいます。

## 中国人の霊魂観

たった今も述べたとおり、仏教を受容するにあたり、中国人は霊魂の実在を前提としていました。そして、死とは、霊魂と身体（肉体）が分離して、もとの状態にもどらないこととみなされていました。いいかえれば、人間の身体には、生きているあいだだけ霊魂が宿ると考えていたのです。ですから、もし、霊魂が身体から分離してもどってこないと、身体は腐り果てて、死に至るとみなしたのです。道教の重要な要素をなす神仙思想、つまり人間は修行によって永遠の生命を獲得できるという思想の究明と、その具体的な方法を研究した葛洪《かっこう》（二八三〜三四三）が書いた『抱朴子《ほうぼくし》』の「論仙篇」に、そう書かれています。

まずは、その「霊魂」という漢字の起源や成り立ちを知っておくのも、けっして無駄ではないはずです。この領域の大家として著名な白川静先生の『字統』（平凡社）には、以下のような説明があります。

霊　旧字は靈に作り、霝（れい）と巫（ふ）とに従う。霝は祝禱の器である𠙵《さい》を三つ列べて、降雨を祈る意。巫はその雨乞いをする巫祝。字はもとその雨乞いの儀礼をいう。雨乞いのみでなく、神霊の降下を求めるときにも、同じ形式の祝禱が行われるので、のちにその神霊をいい、およそ神霊にかかわることをみな霊という。

魂　云と鬼に従う。云は雲の初文で、雲気の象形。人の魂は雲気となって浮遊すると考えられていたのであろう。魄というのと相体するもので、白とは白骨化した頭顱（されこうべ）の形である。

「魂」という漢字にもう少し説明をくわえます。「鬼」というと、日本人の場合、頭に角を生やした「鬼」をイメージしがちですが、中国では死霊・亡霊・幽霊を意味しています。『字統』（平凡社）によれば、「鬼」という字の、田にノは頭蓋骨を真上から見た形、ルは足、ムははっきりしないという記号だそうです。ですから、全体では、頭蓋骨にはっきりとは見えない足がついている姿で、これは中国人がいだいてきた死霊・亡霊・幽霊のイメージなのです。

日本でも「幽霊には足がない」とよく言われてきましたが、いま述べたとおり、その起源は中国にあるようです。江戸時代に円山応挙（一七三三〜九五）が足のない幽霊を描いたのが最初というのは、まったくの嘘です。なぜなら、応挙より前に、朝廷の御用絵師をつとめる土佐派をひきいていた土佐光起（一六一七〜九二）が、足のない幽霊の絵を描いているからです。おそらく、当時の知識人たちのなかに、中国の文献から、「幽霊には足がない」と考えていた人があったのでしょう。

## 魂　魄

『字統』の説明には「魄《はく》」という漢字も出てきますが、これは先に述べたとおりです。そして、「魂」と「魄」を合わせて、「魂魄《こんぱく》」という言葉が生まれました。

「魂魄」のうち、「魂」は『字統』にあるとおり、軽い性質をもち、死後は天上界にのぼっていく霊魂です。それにたいし、「魄」は重い性質をもち、死後は地下に潜ってしまう霊魂を、おのおの意味しています。

この「魂魄」という観念は、おそくても戦国時代の末期といいますから、西暦でいえば紀元前三世紀前半には、成立していた証拠があります。たとえば、そのころ、現在の湖北省と湖南省を支配していた楚王国でうたわれていた詩を、漢の時代に編集した『楚辞』には、悲劇の英雄として有名な屈原（前三四三〜前二七八）の「魂魄」を呼び返すためにつくられた宋玉の「招魂篇」という詩がおさめられています。

このように、中国人は霊魂を二つの要素から構成されているとみなしていたのです。

この考え方は、最大の宗教的かつ政治的イデオロギーとして、中国人の精神世界にながらく君臨してきた儒教にも影響をあたえました。ひとが死ぬと、「魂」は天上界にのぼってしまうために、その代わりに「木主」とよばれる板をつくって、まつりました。のちに、これが仏教にとりいれられて、位牌になりました。いっぽう、「魄」は実質的には頭骨を中心とする遺骨なので、墓をきずいてまつったのです。

さかのぼって、儒教の祖として有名な孔子の言行録とされる『論語』にも、死後世界と霊魂の実在をうかがわせる記述があります。

子曰はく、其の鬼に非ずして之を祭るは、諂なり。(「為政第二」)
先生はこうおっしゃった。「自分の祖先ではない死霊を祭るのは、諂いというものである」。

子曰はく、民の義を務め、鬼神を敬して之を遠ざく。知と謂ふ可し。(雍也第六)
先生はこうおっしゃった。「民にたいしてはなすべきことをなし、死者の霊魂や神々にたいしては尊敬して(しかも、現実政治の障害にならないように)遠ざけておくのは、知的な対応といえる」。

同じく、さきほどご紹介した葛洪『抱朴子』の「論仙篇」には、「人は賢愚を問わず、わが身に魂魄があることを知っている」と記されています。

死後世界も霊魂も実在するという観念は、秦の始皇帝（前二五九～前二一〇）が生前からきずかせた壮大無比な墳墓からも証明できます。内部に、水銀の川や海が作られ、あまたのリアルきわまりない兵馬俑、あるいはさまざまな用具のたぐいが埋納された理由は、死後世界も霊魂も実在し、死後も生前と同じ生活がいとなめるという、強い思いにもとめるしかありません。

中国に初めて仏教が伝えられたのは、後漢の永平一〇年（紀元後六七）とされています。「魂魄」という観念が成立してから、すでに三〇〇年以上もたっています。したがって、その当時の中国人にとって、死後世界が実在し、霊魂が実在することはまったく自明であり、疑うひとなど、皆無に近かったのです。

ただし、古代インド人が思い描いていた霊魂と、古代中国人が思い描いていた霊魂とでは、まったくイメージが異なることも疑えません。大きさ一つをとっても、インドでは霊魂は宇宙大でしたが、中国では「魂魄」というかたちでわりあい小さくまとまっています。また、インドでは霊魂は全体がひとかたまりであり、そこに微少な身体がまるでイボかポリープのように付いているというイメージですが、中国では「魂」と「魄」という二本立てです。

ちなみに、霊魂は一人のひとに一つずつという観念は、必ずしも普遍的ではありません。なぜなら、モンゴル人のあいだでは、死後、天にのぼる霊魂、地にもぐる霊魂、そして輪廻する霊魂の、つごう三つの霊魂があると信じられているからです。

## 輪廻と中国人

インド型宗教が絶対の前提としている輪廻という考え方は、あまり理解できなかったようです。また、輪廻と密接な関係にある応報の原理、つまり善因善果・悪因悪果という原理も、理解するのは難しかったようです。

生まれ変わりという考え方は、世界中のいたるところで見られますが、それが永遠につづくという発想は、インドくらいしかありません。たしかに、古代ギリシアでは、オルフェウス教やピタゴラス教団、そしてプラトンなどが、霊魂の不滅と他の生命体への永続的な生まれ変わり、すなわち輪廻を説きました。しかし、この思想はいつしか忘れ去られ、後世にあたえた影響はかぎられます。

また、現在でも、シリアやイラクをはじめ、中東地域で活動しているアラウィ派やドゥルーズ派は、イスラーム教に属しているにもかかわらず、輪廻を説いています。これらの宗派の起源はおそらく古代宗教であり、この地域ではイスラーム教を名のらないかぎり生き残れなかったために、イスラーム教の外皮をかぶったのだとおもわれます。ともあれ、しょせん少数派にとどまり、影響力はひじょうに限定的です。

仏教がインドから伝えられる以前の古代中国に、生まれ変わりという考え方がまったくなかったわけではありません。しかし、人間が死んで、また人間に生まれ変わるならともかく、他の生命体に生まれ変わることもあるという、インドゆらいの輪廻の考え方は、受けいれがたかったようです。たしかに、他の生命体に生まれ変わってしまったのでは、中国人が古代から連綿とつづけてきた先祖崇拝は成り立ちません。

仏教が伝来し、輪廻が主張されるようになると、理解も少しずつ深まっていった形跡は見出せます。しかし、儒教であれ、道教であれ、現世と直近の死後世界という二項だけに関心が集中していて、さらにその先のこととなると、想定外だったのです。したがって、輪廻という考え方は、中国人の死生観に決定的な影響をあたえるにはいたりませんでした。

## 霊魂は不滅か否か

中国の仏教界では、死後における霊魂の実在にまつわる論議は「神滅神不滅」というかたちで展開されました。この場合、「神」は英語の god ではなく、霊魂を意味しています。精神というときの「神」の用法に近いとおもっていただいて、けっこうです。

『字統』によれば、「神」という字のつくりの「申」は電光が屈折して走る形で、神意のあらわれと考えられるそうです。また、神は天神、すなわち自然神であり、祖霊を含むことはなく、人の霊には鬼といったとも書かれています。しかし、のちには、祖霊が天上に升（のぼ）って上帝の左右にあると考えられるようになって、祖霊をも含むようになりました。さらに、神事のみならず、精神のはたらきやそのすぐれたものを神爽・神悟のようにいい、人智をこえるものを神秘というと説明されています。

さらに重要なのは、仏教がインドから盛んに伝えられた南北朝時代（四三九〜五八九）に、サンスクリットのアートマン（我）を漢語に翻訳する際、この「神」をその訳語にあてた事実です。この事実は、そのころの中国人の感覚では、アートマンは霊魂としかおもえなかったことを物語っています。このように、中国の伝統宗教や思想はおおむね霊魂実在論にもとづいていました。

もっとも、例外がないわけではありません。ブッダの時代のインドで、いわゆる六師外道の一つに、徹底的な唯物論を主張し、死後世界も霊魂の存在も完全に否定した順世派（ローカーヤタ）があったように、古代中国でも唯物論者はいました。後漢の時代に、古代にしては異例の合理的な思考方法を開拓し、儒教を厳しく批判したことで有名な王充（二七〜一〇〇ころ）は、その著書『論衡』の「論死篇」に、こう書いています。

人物也。物亦物也。物死不為鬼。人死何故獨能為鬼。……中略……人之所以生者。精氣也。死而精氣滅。能為精氣者。血脈也。人死血脈竭。竭而精氣滅。滅而形體朽。朽而成灰土。

何用為鬼。
人間は物質である。人間以外の物質もまた物質である。物質が死んだところで、幽霊(鬼)にはならない。なぜ、人間は死んだら幽霊になるというのか。……中略……人間の生命の本質は精気である。死ねば、精気は滅する。精気を精気たらしめているのは血脈である。人間が死ねば、血脈は枯れ果てる。血脈が枯れ果てれば、精気は滅する。精気が滅すれば、身体は朽ち果てる。身体が朽ち果てれば、灰や土になるだけだ。幽霊になるはずがない。

ここでいう「精気」は、文脈から考えて、生命エネルギーみたいなものを意味しているようですが、いずれにしても、死ねば、あとに残るのは灰や土であって、霊魂とか精神とかよばれるものは、なにものこらないと王充は主張するのです。

ただし、王充もその著書の『論衡』も、歴代王朝の御用学問となった儒教をきびしく批判したこともあって、異端視され、後世にあまり影響をあたえませんでした。主流はあくまで神不滅論であり、仏教もその影響をまぬがれませんでした。具体的な例をあげれば、西晋の竺法護(二三九〜三一六)が編訳した『普曜経』には、「吾死者を見るに形壊し、体化すも、而も神は滅せず」と、王充とは正反対のことが説かれています。

## 論語も荘子も易も使って霊魂を擁護

廬山の慧遠（三三四～四一六）といえば、中国仏教において初めて確固たる教団組織を発足させ、その後の仏教界に巨大な足跡をのこした偉人ですが、その慧遠は著書の『沙門不敬王者論』の第五篇に、「形尽神不滅」という一章をあらわして、肉体は尽きても、霊魂は不滅であると主張しています。

注目すべき事実があります。慧遠が「神不滅」を主張するにあたり、論拠としたのは、インドから伝来した仏教理論書ではなく、中国伝統思想の典型ともいうべき『易』や『荘子』だったのです。たとえば、『易』「説卦伝」の「神なるものは、万物に妙にして言を為すものなり」をもって、「神不滅」の論拠としているのです。また、慧遠の弟子の宗炳（三七五～四四三）は、さきほど紹介した『論語』の記述を論拠に、「天地に霊有り、精神の滅せざるはあきらかなり」と主張しています。

むろん、中国仏教でも「神滅」を主張する人物がいることはいました。同じ慧遠の弟子でも、何承天（三七〇～四四七）は、数学者であり天文学者でもあったという経歴ゆえか、考え方が合理的というか唯物的というか、とにかくドライなところがあって、死後における霊魂の実在を認めませんでした。その著書『達性論』には、「生に必ず死有り。形弊して神散ずるは猶ほ春に栄え、秋に落つる四時の代換のごとし。奚（なん）ぞ更に形を受くること有らんや」と書かれています。

このように、当時の中国に、死後における霊魂の実在を否定する見解がなかったわけではありませんが、しょせん少数にとどまったようです。とりわけ仏教界では、徹底的に排除される運命にありました。現に、過剰なほどの仏教崇拝で知られる梁の武帝（在位五〇二〜五四九）は、僧侶や知識人を総動員して、神滅論を徹底的に批判させています。その結果、中国の仏教界では、神不滅論が確立し、死後における霊魂の実在をうんぬんする論争そのものがなくなってしまいました。

ここでは紙幅のつごうからふれられませんが、朝鮮半島の仏教もまた、霊魂の実在を前提にしていました。なにしろ輸入元の中国仏教が、いまお話ししたとおり、霊魂実在論だったうえに、朝鮮半島に居住していた人々も、霊魂の実在をまったく疑っていなかったからです。この点は、古代から近世にいたるまで、霊魂の実在を全体にしなければ成り立たないシャーマニズムの影響がはなはだ濃かった事実からも補強できます。ですから、日本に仏教がもたらされたとき、その仏教は初めから、霊魂実在論に立脚していたのです。

本書を終えるにあたって、日本仏教についてひとこと述べておきます。日本仏教は、辺境の仏教です。場末の仏教といってもかまいません。なにしろ、わたしたちが住んでいる日本列島は、ユーラシア大陸の東のはじっこで、しかも大陸とは海をへだてています。この地理的な条件が日本仏教に特別な性格をあたえたことに、疑いのよちはありません。

いいかえれば、日本仏教はブッダの仏教からもっとも遠いところに位置しています。ですから、ブッダの仏教の忠実な継承者とはいえません。しかし、このことをわたしは特に残念とは考えていません。なぜなら、本書でいろいろ論じてきたとおり、ブッダの仏教から遠く離れたおかげで、かえって豊かな実りを得られたからです。少なくとも、二一世紀という時代にとって、日本仏教のほうが、ブッダの仏教よりもはるかに貢献できるはずです。

そんなものはもはや仏教ではない、という意見をおもちの方もあるにちがいありません。そういう方に申し上げておきます。仏教はブッダの仏教に限定されません。むしろ、ブッダ以来、さまざまな仏教者たちが、仏教の名のもとに蓄積してきた智恵の総体にほかならないのです。

インド仏教史にまつわる最新の研究成果によると、大乗仏教は思想的にも地理的にも辺境から生まれた、という説が有力です。ひょっとしたら、仏教の二一世紀ヴァージョンは、辺境の日本から生まれるかもしれません。

# あとがき

他の著者は知りませんが、わたしの場合は、自分が書きたいと思っていることを、ただひたすら書きまくるというパターンにはなりません。なぜなら、本を出版するという行為は、原稿を書く著者さえいれば、それでよいわけではないからです。

おおむねの作業としては、まず最初に、編集作業を担当してもらう方と、何を書くかを相談します。原則はあくまで「書きたいことを書く」ですが、読者が何を読みたがっているかを知らないと、出版という事業は成り立ちません。

長年にわたり、かなり多くの冊数の本を出版してきた、というよりも、正確には、出版させていただいてきた著者としての、偽らざる実感です。

今回も、わたしがこのところさかんに論じてきた「近代化」「内面化」「死後世界と霊魂」にまつわる、いわば総まとめをしたいという願いを、いつもわたしの著書を担当してくれている春秋社編集部の桑村正純さんに相談し、あれこれ意見を交換してから執筆し、ようやく実現したのです。その意味で、桑村さんにはいくらお礼をいっても、とても足りません。

そして、桑村さんとわたしのやりとりを横目で見つつ、最終的に出版にオーケーを出していただいた編集長の佐藤清靖さんにも、あつくお礼をいわなければなりません。

さらに、いくら内容がよくても、本もまた売れなくては話になりません。この点では、営業にたずさわっている方たちの、ご苦労は察するにあまりあります。営業部門の鎌内宣行部長、片桐幹夫さん、吉岡聡さんのお三方。ほんとうにありがとうございます。

最後になりましたが、春秋社の神田明会長と澤畑吉和社長には、いつもながらご支援いただきました。感謝の言葉もありません。

平成二八年五月二四日

正木　晃

【著者紹介】
**正木　晃**（まさき　あきら）
1953年、神奈川県生まれ。筑波大学大学院博士課程修了。国際日本文化センター客員助教授等をへて、現在、慶應義塾大学非常勤講師。専門は宗教学（チベット・日本密教）。特に修行における心身変容や図像表現を研究。独自のマンダラ塗り絵を考案し、15年以上前から大学の講義などに取り入れている。
主著に『お坊さんのための「仏教入門」』『あなたの知らない「仏教」入門』『現代日本語訳 法華経』『はじめての宗教学』『カラーリング・マンダラ』（いずれも春秋社）、『密教』（講談社）、『マンダラとは何か』（NHK出版）、訳書に『マンダラ塗り絵』『世界のマンダラ塗り絵100』（春秋社）など、多数の著書がある。

**再興！日本仏教**

---

2016年6月28日　第1刷発行

著　　者　正木　晃
発 行 者　澤畑吉和
発 行 所　株式会社 春秋社
〒101-0021　東京都千代田区外神田2-18-6
電話　03-3255-9611（営業）
　　　03-3255-9614（編集）
振替　00180-6-24861
http://www.shunjusha.co.jp/
装 幀 者　河村　誠
印刷・製本　萩原印刷株式会社

---


ISBN978-4-393-10615-0　定価はカバー等に表示してあります

正木 晃
## はじめての宗教学
『風の谷のナウシカ』を読み解く

若者向けに工夫をこらした画期的な宗教学の入門書。宮崎アニメ『風の谷のナウシカ』に込められた様々な宗教的要素を読み解きつつ、宗教学のエッセンスにふれるように配慮。

1800円

正木 晃
## 魔法と猫と魔女の秘密
魔女の宅急便にのせて

『魔女の宅急便』を題材に、ハリー・ポッター人気で世界的に関心が高まっている魔法や魔女の世界の真実を、西洋のみならず東洋も視野に入れて、宗教学の観点から平易に解説。

1800円

正木 晃
## 楽しくわかるマンダラ世界
塗り絵付き

胎蔵と金剛界の両部曼荼羅についての平易な解説文に、〈塗っても楽しめる〉という塗り絵ワーク的な要素を加え、曼荼羅を体験的に理解しようという、新しいタイプの入門書。

1800円

正木 晃
## 空海をめぐる人物日本密教史

空海をキーパーソンに、時代を「空海以前」と「空海以後」に分け、奈良から江戸時代までに活躍した重要な密教僧二〇人の生涯と思想を通して、日本密教の流れを平易に語る。

2200円

佐々木宏幹
## 生活仏教の民俗誌
誰が死者を鎮め、生者を安心させるのか

東日本大震災以降現れた幽霊の目撃談。荒ぶる魂、彼の地に残っている霊を誰が鎮めるのか。日本人の精神の源にある「力」への信仰を、生活に根付く「仏教」の諸層から探究する。

2000円

▼価格は税別